KB041965

생각하고 토론하는

중국 철학 이야기 3

근 · 현대—유학의 변혁, 서양과의 만남

생각하고 토론하는

중국 철학 이야기 ③

근 · 현대—유학의 변혁, 서양과의 만남

지은이 · 임부연 | 일러스트 · 이영규 | 펴낸이 · 김현태 | 펴낸곳 · 책세상 | 초판 1쇄 펴낸날 2006년 12월 25일 |
초판 2쇄 펴낸날 2016년 10월 5일 | 주소 · 서울시 종로구 경희궁길 33 내자빌딩 3층(03176) | 전화 · 02-3273-1333(편집부)
02-704-1251(영업부) | 팩스 · 02-719-1258 | 이메일 · bkworld11@gmail.com | 홈페이지 · www.bkworld.co.kr |
등록 1975. 5. 21 제 1-517호 |
ISBN 978-89-7013-602-8
978-89-7013-599-1 (세트)

잘못된 책은 바꿔드립니다.
책값은 뒤표지에 있습니다.

* 이 도서의 국립중앙도서관 출판시도서목록(CIP)은 서지정보유통지원시스템 홈페이지 (http://seoji.nl.go.kr)와 국가자료공동목록시스템(http://www.nl.go.kr/kolisnet)에서 이용하실 수 있습니다. (CIP제어번호: CIP2016022235)

생각하고 토론하는

중국 철학 이야기 3

근 · 현대—유학의 변혁, 서양과의 만남

임부연 지음 | 이영규 그림

생각하고 토론하는

차례 | # 중국 철학 이야기 ❸

근 · 현대—유학의 변혁, 서양과의 만남

들어가는 말

제1장 장재

제4장 왕수인

제5장 이지

제6장 왕부지

제7장 대진

사물
사람
신

슈웅

적군
아군

유학의 혁신, 서양과의 만남

들어가는 말

우리에게 중국 철학은 무슨 의미일까

흔히 21세기는 동아시아의 시대가 될 것이라고 말한다. 18세기 이후 세계의 주도권을 행사하던 서구 열강에 의해 식민지화되거나 억압받던 동아시아가 놀라운 경제 발전을 바탕으로 세계의 주역이 되리라는 것이다. 이 예상이 현실화될지 아니면 단지 꿈에 지나지 않을는지는 앞으로의 역사가 증언할 것이다. 지금 우리는 동아시아가 세계사의 전면에 나서고 있는 시기에 살고 있다. 이와 동시에 우리나라는 냉전 시기에 이념적으로 대립하던 중국과도 오랜 역사의 인연을 다시 회복하고 있다. 경제적인 필요뿐만 아니라 정치적으로나 문화적으로 양국 사이에는 교류가 왕성하게 진행되고 있으며, 우리 대중문화가 중국에서 한류로 불리는 인기를 얻고 있다. 이러한 때에 중국 철학에 대한 이해는 중국을 좀 더 깊이 이해하기 위한 것일 뿐만 아니라 우리 자신의 사상적 자원을 바로 알기 위해서 필요하다.

근대 이전에 우리나라는 유교, 불교, 도교 등 각종 정신문화를 중국에서 받아들여 변형, 발전시켰다. 오늘날 우리가 서구 근대 사회를 모범으로 삼았듯이, 조선시대까지는 중국이 동아시아 문명의 전범 역할을 했던 셈이다. 그럼에도 오늘날 우리는 서양 철학자 데카르트René Descartes나 칸트Immanuel Kant는 알아도 비슷한 시대의 중국 철학자 왕부지(王夫之)나 대진(戴震)은 잘 모른다. 중국 철학자라고 하면 2,000여 년 전에 활동한 제자백가(諸子百家)인 공자(孔子)나 맹자(孟子), 노자(老子)나 장자(莊子) 정도를

알고 있을 뿐이다. 이 책에서 조선왕조 500년과 밀접한 새로운 사대부 유학의 성립부터 현재 우리와 연관이 깊은 현대 중국의 공산주의까지 다루는 것은 이런 지적인 공백을 메우기 위해서다.

이 책은 중국의 송(宋)나라부터 현대까지 1,000여 년간의 기나긴 시간을 대표하는 철학자를 다룬다. 우선 당(唐)나라가 멸망하고 5대10국의 혼란기를 거쳐 통일 제국인 송나라가 성립하는 시기에 매우 중요한 변화가 발생한다. 그것은 바로 귀족의 시대에서 사대부의 시대로 사회의 중심 세력이 교체되고 중앙집권적인 군주 제도가 확립된 사건을 말한다. 지식인 관료 계층인 사대부가 자신의 학문적 역량으로 사회와 국가를 책임지는 이러한 형태는 청(淸)나라가 멸망할 때까지 지속된다. 이런 근본적인 변화 때문에 당나라에서 송나라로의 변화 시기를 '당송 변혁기'라고 부른다. 따라서 청나라가 멸망하고 현대 중국이 탄생하기 전까지는 기본적으로 사대부의 시대였으며, 사대부의 학문인 유학의 시대였다. 이 책은 바로 사대부의 유학이 성립하고 변화하다 결국 현대에 좌절하는 과정을 다룬다.

철학사의 흐름에서 보면, 이 책의 내용은 신유학(新儒學)이 도교와 불교의 도전을 극복하고 사상계의 주류로 자리 잡은 송나라에서 명(明)나라까지의 시기, 그리고 신유학의 사회적 효용성이 상실되고 서구 문명과의 만남을 통해 유학의 다양한 변형이 발생하는 청나라에서 현대 중국까지의 시기로 구분할 수 있다. 우선 송나라에 들어서 유학은 그동안 융성했던 도교와 불교의 형이상학과 수양론을 비판하고 흡수하여 새로운 유학, 곧 신유학으로 거듭난

현대 중국의 유명한 중국 철학사가였던 펑유란(馮友蘭)이 만든 신유학 Neo-Confucianism이라는 용어는 송대와 명대의 유학을 아우른다. 중국에서는 현재 송명이학(宋明理學)이라고 해서 신유학을 이학으로 부르는 경향이 많다. 주희(朱熹) 계통뿐만 아니라 심학(心學) 계통도 이치를 중시하는 입장을 공유하기 때문에 두 계열이 모두 이학으로 묶일 수 있다. 하지만 여기서는 주희의 학문만 이학으로 한정해서 심학과 대비시키고 있다. 주희 계열의 학문은 원래 송나라 당시에는 도학(道學)으로 불렸으며, '본성이 곧 이치(性卽理)'라는 명제를 그 핵심으로 삼기 때문에 보통 성리학(性理學)으로 불린다.

다. 신유학자들은 마음과 본성의 내면세계를 매개로 우주와 인간, 사회를 아우르는 거대한 사유 체계를 구성했다. 그들은 제국의 통치 이념을 담당하는 사대부의 책임의식을 강조하고 성인(聖人)이 되는 학문을 지향했다. 이렇게 거듭난 송대의 신유학은 크게 우주의 객관적인 변화와 실재성을 중시하는 기학(氣學), 윤리의 보편적인 원리성을 강조하는 이학(理學), 마음의 자발적인 역량을 중시한 심학(心學)으로 구분된다. 특히 주희(朱熹)가 집대성한 이학은 원(元)나라 때 과거 제도에 편입된 이후 청나라가 멸망할 때까지 국가의 학문 체계로 기능하면서 사대부 지배 체계를 뒷받침했다.

하지만 신유학은 명나라가 망하고 만주족이 세운 청나라가 등장하는 명청 교체기를 맞이하면서 사실상 종언을 고한다. 한족 출신의 사대부 지식인은 명나라 멸망의 원인을 주관적인 마음을 강조한 명대 심학의 폐단에서 찾고, 객관적인 실증과 폭넓은 지식을 중시하는 고증학과 역사학에 몰두한다. 하지만 서양 자본주의 문명의 위협 속에 사대부의 학문 체계와 황제의 전제 정치는 동요하게 된다. 1840년에 일어난 아편전쟁은 천하가 바로 중국이라고 본 기존의 세계관을 송두리째 흔들어놓는다. 게다가 평등을 내세우며 성립한 태평천국운동(太平天國

아편 전쟁

運動)은 청나라의 국가 체계를 내부적으로 뒤흔들었다. 이런 위기를 극복하기 위해 서양의 군사와 공업 등을 도입하려는 양무운동(洋務運動)이나 과거 제도를 개혁하고 입헌군주제를 시도한 무술변법(戊戌變法) 등이 시도되었다. 하지만 중국 역사는 혁명의 방향으로 진행되어 1911년에 신해혁명(辛亥革命)이 일어나고 이듬해 청나라는 멸망한다. 그리고 중국식 마르크스주의를 표방한 공산주의 정권이 들어서면서 기나긴 사대부 유학의 시대는 막을 내린다.

사대부의 새로운 유학이 탄생하다

송대 신유학의 우선적인 과제는 인간과 사회를 뒷받침하는 객관적인 우주론과 형이상학의 체계를 구성하는 일이었다. 다시 말해 세계를 주관적인 환상으로 보는 불교와 달리 우주의 만물이 어떻게 형성되고 세계의 공통적인 근원이 무엇인지에 대한 유학적인 해답이 필요했다. 이러한 과제를 본격적으로 감당한 인물이 북송 시대의 장재(張載)다. 그는 태허(太虛)의 기(氣)라는 개념으로 세계를 일원적으로 이해하는 형이상학을 구성해낸다. 그리고 우주와 세계를 가슴에 품어 한 몸으로 삼는 사대부의 원대한 기상은 이런 기의 우주론에 기초해 제시되었다. 우주와 세계의 객관적 실재성을 강조하는 그의 기학은 유학자들이 주관적인 불교의 사유로 기울 때마다 다시 기억되는 원점의 역할을 한다.

송 태조 조광윤(趙匡胤)

북송시대에 시작된 새로운 유학은 남송시대의 주희가 이학을 중심으로 체계화시킨다. 주희는 이치를 만물의 우주론적 근거이자 인간의 윤리적인 이념으로 규정함으로써 이치〔理〕의 보편적 영원성을 중시하는 이학을 완성한다. 특히 그는 다소 이질적인 장재의 기학 역시 자신의 사유 체계 속에 편입시킨다. 그래서 우주와 인간, 내면과 외면 전체를 아우르는 그의 사유 체계는 태극(太極)인 이치와 음양의 기가 맺는 상호관계에 기초한다. 주희는 잠재적인 윤리적 본성을 보편적인 이치로 여기는 성즉리(性卽理)의 관점에 따라 유교적 가치와 질서를 영원한 절대적 법칙으로 확립했다. 이제 삶의 윤리적 실천은 단지 사회 규범이 아니라 우주론적 이념의 실현이 되었다. 주자학(朱子學)으로 불리는 그의 학문은 원대 이후 동아시아 사회를 지배하는 보편적인 세계관으로 작동했다.

주희는 이치가 본성으로 내재하거나 외부 사물에 있다고 생각했는데, 동시대를 살았던 육구연(陸九淵)은 이런 주희의 주장에 반기를 든다. 그는 단지 마음이라는 근본을 먼저 확립하면 세세한 이치를 탐구하지 않더라도 윤리적 실천은 가능하다고 생각했다. 이처럼 마음을 중시하는 육구연은 자신의 학문이 맹자의 심학을 직접 계승했다는 의식을 갖고 있었다. 본래 마음이 곧 이치라는 심즉리(心卽理)의 사고에 따라 그는 윤리적 규범을 생산할 수 있는 자발적인 마음을 세계의 근원으로 자리매김한다. 이러한 육구연의 학문은 신유학 내부에서 주희와 대립되는 심학의 흐름을 열었다.

원대 이후 국가의 과거 제도에 편입된 주자학은 이론적 발전을 거의 이루지 못하고 점점 경직화되었다. 이러한 상황에서 명대의 왕수인(王守仁)은 주자학에서 출발하여 마음의 자발적인 역량을 강조하는 심학을 완성한다. 철학사적으로 보면 육구연을 계승한 것처럼 보이지만, 왕수인의 심학은 주자학에 대해 비판적인 거리를 두면서 구성된 것이다. 본래 열성적인 주자학 신봉자였던 그는 마음과 이치를 구분하는 주희의 학문이 성인이 되는 실천의 차원에서 문제가 많다는 점을 깨닫게 된다. 배우지 않고도 옳고 그름을 알 수 있는 선천적인 양지(良知) 개념을 통해, 왕수인은 앎과 행위의 일치, 나아가 만물과 한 몸이 되는 인(仁)의 경지를 제시한다. 보다 실천적이고 서민층까지 공감할 수 있는 왕수인의 심학은 양명학(陽明學)으로 불리며 명대의 사상계를 주도했다.

양명학의 후예 가운데 보다 급진적인 후계자들을 양명학 좌파로 부른다. 이들은 선과 악의 사회적 가치판단의 경계를 벗어난 마음의 본체를 제시한다. 이러한 좌파의 흐름에서 중국 사상사 최고의 이단아 이지(李贄)가 탄생한다. 그는 외부의 견문과 학습에 물들지 않은 순수한 본래의 마음을 동심으로 제시했으며, 이러한 동심을 통해 거짓과 위선의 사대부를 신랄하게 비판한다. 그는 개가 무턱대고 짖어대듯이 성인이나 경전의 권위를 무반성적으로 따르는 것은 삶을 속박할 뿐이라고 주장했다. 일상의 자연스러운 욕구를 중시하고 성인과 경전의 권위를 부정한 이지는 사대부 지배층의 탄압으로 감옥에 갇히자 자결을 선택한다. 이러한 이지의 자결은 심학의 절정이면서 동시에 파국을 상징한다.

심학에 이르러 지나치게 마음의 자발적인 능력을 중시한 신유학은 극단적인 자의성이라는 문제를 일으켰다. 신유학 정통의 입장에서 보면, 이런 병폐는 신유학이 극복하려 했던 불교와 다르지 않았다. 더욱이 심학이 유행하던 명나라가 평소 오랑캐라 부르며 멸시하던 청나라에 의해 멸망하자 양명학은 멸망의 원흉으로 지탄을 받게 된다. 이러한 문제를 해결하고 신유학을 새롭게 재건할 필요성이 대두된다. 이런 과제를 담당한 왕부지(王夫之)는 《주역(周易)》을 근거로 장재의 학문을 계승하고 기일원론(氣一元論)을 완성시킨다. 이를 통해서 그는 이치를 마음으로 환원하는 심학을 비판하고 동시에 경험적 현실을 벗어나 이치를 절대화하는 주자학의 문제점을 벗어나려 했다. 왕부지는 신유학적 형이상학을 체계적으로 제시한 마지막 대가라고 할 수 있다.

사대부 유학의 다양한 모색과 좌절, 그리고 새로운 혁신의 과제

청나라의 도자기

명나라가 망하고 청나라가 들어서는 명청 교체기를 거치면서 기존의 신유학은 사대부의 유학으로서 갖고 있던 효용성을 상실하게 된다. 이런 배경 아래 학계는 마음이나 본성 같은 내면의 세계보다는 외적인 실천이나 실증, 역사를 중시하게 된다. 그 결과 청대에는 해박한 지식과 엄밀한 문헌 비판을 지향하는 고증학이 학문의 중심으로 부상한다. 이러한 청대 고증학의 완성자가 바로 대진이다. 그는 다른 고증학자와 달리 전문적인 문헌학에 매몰되지 않고 고증학의 방법론으로 신유학의 근본 전제를 치밀하게 비판했다. 대진에 따르면, 신유학은 도교와 불교를 극복하려 했지만 사실상 그 사유 구조를 모방했다. 신유학이 이치를 마치 초월적인 실체처럼 대하고 신체적인 조건이나 욕망을 억압했기 때문이다. 대진은 나와 남의 욕구를 함께 충족시키는 욕구의 조율에서 하늘의 이치를 구함으로써 이치와 욕구의 오랜 이분법을 뛰어넘으려 했다. 하지만 경전의 문자 해독을 중시하는 고증학은 사회적 현실의 변화에 능동적으로 대처하는 데 한계가 있었다.

19세기에 일어난 서양 자본주의 문명과의 만남은 청나라 체제와 기존 유학의 한계를 절감하게 만드는 고통스러운 만남이었다. 발달한 자본주의 물질문명과 무력, 거기다 전제군주제를 넘어서는 민주적인 정치 제도는 청나라의 지배 체제를 근본적으로 뒤흔들었다. 특히 1895년 청일전쟁에서 패배하자, 기존의 정치 제도와 교육 제도로는 위기를 극복할 수 없다는 문제의식이 지식인 관료 사이에서 발생한다. 이때 청나라 체제의 혁명이냐 아니면 제도 개혁의 변법(變法)이냐 하는 갈림길이 생겼다. 이런 배경에서 캉유웨이(康有爲)는 금문경학(今文經學)을 통해 위로부터 각종 제도를 개혁하는 변법을 이론적으로 뒷받침한다. 그는 유교의 상징인 공자를 개혁의 선구자이자 교주로서 신격화했다. 동시에 캉유웨이는 공양학(公洋學)의 세 단계 역사발전론인 삼세설(三世說)과 《예기(禮記)》의 대동(大同) 개념을 결합시켜 인류 미래의 이상 세계로서 대동 사회를 제시한다. 대동 사회는 각종 차별과 불평등이 사라지고 평등과 사랑이 완전하게 실현된 이상 사회다. 하지만 그의 공

상적인 대동의 꿈은 꿈에 불과했으며 실제 그의 행동은 역사의 방향과 어긋나고 만다.

청나라 지배 체제를 인정하고 제도의 개혁을 추진하는 캉유웨이와 사상 투쟁을 벌인 인물은 장빙린(章炳麟)이다. 그는 쑨원(孫文)과 함께 청나라를 타도하는 혁명의 논리와 도덕을 전파하여 당시 지식인 사회에 커다란 영향을 미친다. 청나라의 역사학과 고문경학(古文經學), 그리고 고증학을 모두 계승한 그는 맹목적인 서구 자본주의 물질문명의 추종을 반대했다. 그는 서구 사상을 섭렵해서 서구에 대항할 수 있는 중국 고유의 전통 문화와 학술인 국수(國粹)를 내세운다. 특히 그는 기존의 유학 전통이 아니라 가장 사변적이고 체계적인 불교의 유식학(唯識學)에서 새로운 혁명의 도덕을 찾았다. 결국 장빙린이 꿈꾼 혁명은 심층적인 내면의 평등으로 회귀한 셈이다.

중국공산당기(왼쪽)와
현대 중국의 국기

중국 역사의 방향은 신해혁명을 통해 민주공화제로 귀착한다. 신해혁명은 중국 역사를 지배하던 왕조 체제와 유교적 가치 질서의 붕괴를 의미한다. 유교는 근대화의 과정에서 부정되어야 할 봉건주의 사상으로 폄하되고, 새로운 시대를 감당할 사상으로 공산주의가 부각된다. 마오쩌둥(毛澤東)은 중국의 대다수를 차지하는 농민과 노동자의 힘에 기대어 공산주의 혁명을 추구했다. 그는 서구 공산주의 이론에 매몰되지 않고 중국의 현실에 기초해서 중국화된 마르크스주의를 지향했다. 그 결과 마오쩌둥은 인민의 광범위한 지지를 얻어 1949년 중화인민공화국을 건국하게 된다. 중국 역사가 신해혁명부터 공산혁명을 거치면서 사대부 유학은 그 긴 역사를 마감하고 사라지게 된다.

이 책은 조선시대를 지탱한 성리학이 발생한 송나라부터 오늘날 우리나라와 긴밀한 관계를 맺고 있는 현대 중국에 이르는 1,000여 년에 가까운 장구한 시기와 인물을 다룬다. 그리고 송대와 명대의 사상계를 지배한 신유학의 형성과 해체, 그리고 청나라의 성립과 서구 문명과의 만남에서 시도한 다양한 변형의 과정을 대략적으로 그리고 있다. '중국 철학 이야기' 시리즈의 마지막으로, 고대와 중세 다음의 시기를 다루는 이 책은 '근 · 현대'를 다룬다. 사실 중국 철학사는 서양 철학사와 달리 학계에서 공유하는 시대 구분이 없다. 주로 서양의 정치 제도나 경제 구조의 발전을 기준으로 적용되는 시대 구분은 중국 고유의 내재적인 발전을 반영하기 어려운 경우가 많다. 다만 당송 변혁기에 사회 구조와 정치 체계에 근본적인 변화가 있었고 유학의 새로운 인문주의가 고양되었다는 점에서 신유학의 성립을 새로운 시대의 출발로 삼는 것은 무리가 없어 보인다.

이러한 중국 철학사의 흐름을 보면 우리는 하나의 역사적 진실을 알 수 있다. 새로운 창조적 사유는 상이한 사유 체계와의 투쟁 속에서 생성된다는 것이다. 신유학은 도교와 불교라는 거대한 사유 체계와의 교류와 투쟁 속에서 기존의 유학을 새롭게 구성했다. 동시에 신유학 내부의 다양한 사유 경향 사이에도 대립과 의존의 상호관계가 형성되었다. 특히 서구 문명을 경험한 중국의 사대부 지식인들은 서구 문화와 사상을 흡수해서 기존의 정치 제도와 유학의 모습을 변형시키려 부단히 노력했다. 비록 민주혁명과 공산혁명을 거치면서 사대부 유학이 역사에서 사라지기는 했지만, 아직 유학의 종언을 말할 수는 없다. 자유와 평등을 추구한 현대의 도전에 맞게 자신을 혁신할 수 있는 가능성이 아직 열려 있기 때문이다. 우리는 송대에서 현대 중국에 이르는 철학자들과 진지하게 대화함으로써 우리가 서 있는 자리를 반성하고 우리의 정신 세계를 더 풍요롭게 할 수 있을 것이다. 이제 그들과 함께 생각하고 토론하는 대화의 마당으로 들어가 보자.

제1장

장재—
우주는 한 가족, 두루 사랑하라

1. 우주와 세계를 마음에 품은 새로운 유학자

장재

장재는 새로운 유학이 성립한 북송시대의 대표적인 사상가다. 5대10국의 혼란기를 거쳐 성립한 송대는 경제적인 번영과 인쇄 문화의 발전이 두드러지고, 문벌 귀족의 지배 체제에서 황제 중심의 중앙집권제가 확립된 변혁의 시기다. 이런 사회적 변혁 속에 신흥 지주 계층이 학문을 통해 중앙의 관료로 등용되어 사회와 국가를 책임지게 된다. 현실 사회와 국가를 책임지는 이러한 지식인 관료 집단을 송대의 사대부라 할 수 있는데, 장재는 우주와 세계의 모든 존재를 기로 설명하는 기일원론으로 이들의 세계관을 뒷받침한다. 특히 북방 지역의 이민족 서하(西夏)에게 위협받는 외환(外患)의 상황에서 그는 세계의 현실적인 문제를 감당할 수 있는 새로운 유학을 추구했다.

장재(張載, 1020~1077)는 송나라 때 장안에서 태어났으며 자(字)는 자후(子厚)다. 그는 오랜 기간 섬서성에 있는 횡거진에서 살았으므로 후학들이 그를 '횡거(橫渠) 선생'으로 불렀다.

서하 문자

장재는 역사의 주체로서 우주와 세계를 가슴에 품고 있는 사대부 지식인의 자부심을 다음과 같이 표현했다. "하늘과 땅을 위하여 마음을 확립하고, 백성을 위하여 본성의 명령을 세우며, 옛 성인을 위하여 끊어진 학문을 이어나가고, 영원한 미래를 위하여 태평시대를 연다"〔《장재집(張載集)》, 〈근사록습유(近思錄拾遺)〉〕. 우리는 여기서 세계를 아우르는 거대한 마음, 사람에 대한 깊은 애정, 학문의 전승에 대한 무한한 자부심, 태평성대에 대한 희망을 엿볼 수 있다. 말년에 벼슬을 그만둔 장재는 오로지 독서와 사색에 전념하면서 자신이 체득한 진리를 저술로 남긴다. 그 결실이 '어리석음을 바로잡는다'는 의미를 가진 그의 대표작 《정몽(正蒙)》이다.

2. 하늘은 아버지, 땅은 어머니

하늘은 아버지라 부르고 땅은 어머니라 부른다. 나는 아득히 작은 존재지만 그 가운데 혼연히 서 있다. 그러므로 하늘과 땅에 가득한 것이 나의 몸이며 하늘과 땅을 이끄는 것이 내 본성이다. 사람들은 모두 한 배에서 난 형제이며, 만물은 모두 나의 동료이다.

〈서명(西銘)〉

〈서명(西銘)〉은 원래 《정몽(正蒙)》 〈건칭(乾稱)〉편의 일부분이었는데, 장재의 서재 서쪽 창가 위에 붙여서 그 뜻을 즐겼기 때문에 '서쪽에 붙여 놓은 좌우명'이라는 뜻의 〈서명〉이라고 불린다.

장재는 본래 가족의 가치를 가장 중시하는 유학의 경향을 더 발전시켜 가족의 범위를 우주로 확대했다. 장재에게 하늘은 아버지요, 땅은 어머니다. 누구에게나 육친의 부모가 있지만 장재는 하늘과 땅을 우주적인 부모로 제시하고 있다. 캄캄한 새벽에 시골의 한적한 길을 걸어본 사람은 달이 밝고 별이 반짝이는 하늘, 산과 들판이 펼쳐진 너른 땅을 본 적 있을 것이다. 그럴 때는 세상에 오직 나만 홀로 외롭게 서 있다는 느낌이 자연스레 생기기 마련이다. 그런데 장재는 우리의 미미한 실존적 모습이 역설적이게도 하늘과

땅이라는 부모와 내적으로 연결된 우주적 자아임을 일깨워준다. 하늘과 땅에 가득 차 있는 기는 나의 몸을 이루고, 하늘과 땅이 일으키는 변화의 길은 나의 본성이 된다. 하늘과 땅이라는 부모를 공유하는 사람은 누구나 나와 같은 배에서 태어난 형제다. 비록 실제의 부모에게서 태어난 형제는 아니지만, 가족을 우주의 지평으로 확대하면 남 역시 나와 동일한 근원에서 나온 형제가 되기 때문이다.

우주적 가족에 대한 장재의 상상력은 국가나 사회의 위계질서를 부정하지 않고 오히려 정당화하는 역할을 한다. 모두가 형제라면 차별적인 위계는 부정되어야 할 것으로 보인다. 하지만 그는 임금이라는 통치자를 우주라는 가정의 맏아들이라고 보고, 그의 명령에 복종해야 한다는 논리를 전개한다. 장재에게 가족은 혈연관계의 가족, 통치자를 정점으로 하는 국가 또는 세계라는 가족, 그리고 하늘과 땅이라는 부모에 기초한 우주적 가족으로 구분할 수 있다. 그는 가장 광대한 우주적 가족으로 시선을 확대해 그 아래 있는 가족을 정당화했다.

가족의 우주화 또는 우주의 가족화는 자기 혈연의 울타리를 넘어 타인에 대한 윤리적 관심과 사랑으로 연결된다. 어른은 어른으로 존경하고 아이는 아이로 돌보는 인륜적 상호 관계는 우주적 가정의 윤리가 된다. 어려움을 겪으면서도 하소연할 곳 없는 사회적 약자에 대한 사랑 또한 그들이 나의 우주적 형제라는 사실에서 나온다. 곧 얼핏 나와 무관해 보이는 사회적 약자를 나의 형제로 여기는 마음에서 그들의 고통을 함께 나누는 사랑과 보살핌이 가능하게 된다. 장재는 기의 철학을 통해 이와 같이 우주를 하나의 가족으로 여기고 남을 사랑하는 새로운 사대부의 윤리를 구성하려 노력했다.

3. 세계의 운동과 변화를 일으키는 기

장재는 도교나 불교와 맞서 유학의 새로운 우주론과 세계관을 기라는 개념을 중심으로 새롭게 구성했다. 장재가 보기에 불교는 모든 사물을 주관적인 환상에 불과하다고 보아 사물을 마음의 작용에 환원한다. 그리고 노자의 《도덕경(道德經)》은 모든 존재의 '있음〔有〕'이란 '없음〔無〕'에서 발생한다고 보고, 없음이 본체가 되는 존재론을 구성한다. 만일 불교의 주장대로 사물이 주관적인 환상이라면 우리가 살아가는 구체적인 일상과 윤리는 실재적인 의미를 갖기 어려울 것이다. 한편 《도덕경》의 주장대로 없음이 있음의 근원이 된다면, 없음과 있음은 그 존재의 위상이 달라지고 말 것이다. 따라서 불교에 대해서는 모든 현상이 주관적인 환상이 아니라는 점을, 도교에 대해서는 있음과 없음이 별개가 아니라 동일한 근원의 두 가지 양태라는 점을 설명하는 논리가 필요하다. 그리하여 장재는 현상적인 세계의 객관적 실재성과 더불어 현상과 본체의 연속적인 관계를 '태허의 기'라는 범주로 제시한다.

태허는 기가 없을 수 없고, 기는 모여서 만물이 되지 않을

수 없으며, 만물은 흩어져서 태허가 되지 않을 수 없다.

《정몽》, 〈태화(太和)〉

장재의 핵심 개념인 태허, 곧 '위대한 비어 있음'은 얼핏 텅 비어 있어서 아무것도 없어 보이는 허공과 같은 성격을 갖는다. 그런데 이러한 비어 있음은 단순한 없음이 아니라 모든 사물로 변형될 가능성을 갖고 있는 창조적 생명력의 원천을 상징한다. 다시 말해 태허는 형체가 없어 없음처럼 보이지만 '기의 본래 모습'으로서 충만하게 꽉 차 있는 만물의 근원이다. 그래서 장재에게 태허는 기로도 표현된다. 우리가 눈으로 보고 손으로 만지고 몸으로 느낄 수 있는 개체의 총체인 만물은 바로 이처럼 태허 곧 기가 모여 이뤄진

다. 바람과 비, 눈과 서리 등 기상뿐 아니라 산과 강을 포함한 세계의 모든 현상과 존재는 기의 자식이다.

태허의 기가 모여 만물을 이루고 만물이 흩어져 기로 돌아가는 취산(聚散)의 과정은 마치 물이 얼거나 얼음이 녹는 것과 같다. 물이 추위 때문에 얼면 얼음이 되고 더위 때문에 녹으면 다시 물이 된다. 얼음과 물은 비록 양태는 다르지만 본질적 속성은 동일하다. 태허에서 기가 모이면 만물이 되고 만물이 흩어지면 다시 태허의 기로 회귀하는 것이다. 사람 역시 태허의 기에서 태어나 태허의 기로 돌아간다. 이런 관점에서 보면, 사람이 죽어서 새로운 존재로 돌고 돌면서 윤회의 굴레를 짊어진다는 불교나 영원한 생명의 장생불사(長生不死)를 꿈꾸는 도교의 논리는 허용될 수 없다.

태허는 맑고 걸림이 없어 신묘하지만, 탁해지고 걸림이 있어 기가 모이면 일시적인 모습의 형체〔客形〕가 생긴다. 만물의 형체는 일시적이고 잠정적이지만 그 근원인 태허의 기는 영원하다. 형체 있음과 형체 없음의 구분이 있지만 본체인 태허와 작용인 현상은 단절되지 않고 연속된다. 장재에 따르면, 태허에서 기가 모이고 흩어지는 변화의 과정은 기 자체의 내재적인 역량 때문에 일어난다. 태허는 오르고 내리며 잠시도 멈추지 않는 무한한 활동성을 지닌다. 이러한 활동성의 태허가 바로 '비어 있음과 꽉 차 있음', '움직임과 고요함'의 기틀이며, '음과 양', '굳셈과 부드러움'의 시작이다. 이 세계를 이루는 대립적인 요소를 아우르는 통합의 자리에 태허가 서 있는 것이다. 바로 통합적인 태허에 기초해서 대립적인 요소의 상호작용이 변화를 만들어낸다.

> 하나의 사물이면서 두 가지 측면을 가지는 것이 기다. 하나인 까닭에 신묘하고〔神〕 둘인 까닭에 변화한다〔化〕. 이런 까닭에 하늘은 셋이 된다.
>
> 《정몽》, 〈삼량(參兩)〉

우리가 현상적으로 경험하는 세계는 음과 양의 상호작용이 만들어낸다. 유학에서 현상의 변화를 음과 양의 논리로 규정한 대표적인 경전이 바로 《주역》이다. 장재는 이런 《주역》의 입장에 따라 변화는 음과 양 두 가지 단서뿐이라고 하여, 만물을 변화시키는 근원으로 음과 양을 제시한다. 장재의 시선에서 보면 음과 양의 상호작용이 없는 세계는 있을 수 없다. 음과 양이라는 기의 두 가지 상태가 세계의 모든 현상을 설명하기 때문에, 우리가 흔히 사후의 존재로 생각하는 귀신조차 기의 상태가 된다. 곧 장재는 귀신이 음과 양의 고유한 역량〔良能〕이라 보고, 펼쳐지는 작용을 신(神), 돌아가는 작용을 귀(鬼)로 풀이한다. 이처럼 음과 양이라는 대립적인 범주는 귀신의 존재까지 포괄하는 거대한 상호작용을 뜻한다.

음과 양의 대립적인 상호작용으로 모든 변화가 발생하지만, 그러한 변화의 밑바탕에는 태허의 기가 관통한다. 장재가 보기에 만일 태허의 기가 없다면 음과 양의 대립적인 변화는 일어날 수 없다. 동시에 음과 양의 대립성이 없다면 태허의 기는 변화 속에 자신을 실현할 수 없다. 이와 같이 기는 대립과 통일의 양면성을 지니므로 외부의 자극이나 충격 없이도 자발적인 운동과 변화의 역량을 갖는다. 태허의 기는 헤아리기 어려운 음과 양의 상호작용을 하나로 통일하기 때문에 신묘하며, 그런 기가 관통하는 음과 양의 대립이 있기에 변화가 생긴다. 장재는 하나와 둘의 대립과 통일로 태허의 기를 설명함으로써 세계의 근원적 통일성과 함께 모든 변화를 설명한 셈이다. 그는 대립과 통일의 양면성을 가진 태허의 상태를 위대한 조화〔太和〕라고 불렀다.

4. 마음을 크게 하고 비워라

장재가 기 개념을 통해 구축한 우주론과 존재론은 그 자체가 목적이 아니라 새로운 윤리적 인격의 구성을 지향한다. 세계의 모든 존재가 기의 구성물이기 때문에 사람을 포함한 만물은 기의 본성을 자신의 내재적인 본성으로 지니게 된다. 태허라는 실체에서 하늘이라는 명칭이 나오듯 태허에서 형성된 음과 양의 대립적인 운동과 변화인 기화(氣化)에서 도라는 말이 나온다. 음과 양은 하늘의 기로서 도라고 말할 수 있다. 자연과 우주의 차원에서 논의되는 태허와 도는 사람의 세계와 무관하지 않고 상통한다. 만일 양자가 전혀 무관하다면 세계를 통일적으로 바라보는 기일원론의 세계관은 성립하지 않을 것이다. 이상적 인격인 성인을 지향하는 장재에게 인간의 자기 성숙과 전혀 무관한 자연철학은 없다. 하늘과 사람의 연관성이 마음과 본성에 어떻게 연관되는지 살펴보자.

장재는 '한 번은 음이 되고 한 번은 양이 되는 상호작용을 도〔一陰一陽, 謂之道〕' 라고 말하는 《주역(周易)》의 입장에 기초해서 기화(氣化)를 말하고 있다.

이치와 기를 세계의 두 가지 근원으로 보는 이기이원론(理氣二元論)과 달리 기일원론(氣一元論)에서는 기를 초월하는 이치나 원리를 설정하지 않는다.

비어 있음과 기를 합해 본성이라는 명칭이 있으며, 본성과 지각을 합하여 마음이라는 명칭이 있다.

《정몽》, 〈태화〉

비어 있음은 통일의 자리에서 신묘한 작용을 발휘하는 태허를, 기는 음과 양의 대립적 운동으로 변화를 이루는 기화를 뜻한다. 이러한 두 가지가 결합하여 본성이 생긴 것이다. 따라서 우리의 본성에는 우주적인 작용과 변화의 길이 함축되어 있다. 이런 의미에서 우리의 본성은 우주와 하나가 될 수 있는 본체의 위상과 작용의 역량을 잠재적으로 지닌 셈이다. 장재는 사람에게 하늘의 본성〔天性〕이 있는 것은 얼음에 물이 있는 일과 같다고 비유한다. 얼음이란 우리의 신체를 상징한다. 사람이 신체라는 기질적인 조건에 의해 형성되면서 하늘의 본성은 그 안에 갇혀서 제한받는다. 그럼에도 하늘의 본성과 사람의 본성은 본질적으로 동일하다.

원칙적으로 하늘과 사람의 본성은 동일하지만, 장재는 순수한 상태의 본성과 사람의 신체에 갇혀 제한되는 본성을 구분한다. 우선 그는 신체의 자연적인 욕구를 치고 빼앗는〔攻取〕 욕구라고 부른다. 예를 들어 입과 위는 음식을 먹고 마시기를 원하고 코와 혀는 냄새를 맡거나 맛을 보는 경우를 말한다. 이러한 욕구는 우리의 신체를 구성하는 '기질의 본성'에서 나오는 것이다. 신체가 있는 한 이런 욕구가 없을 수 없지만 이런 욕구에만 빠지면 악을 저지르게 된다. 이에 반해 기의 본래 모습은 맑고 한결 같아서 순수하다. 이러한 상태는 하늘과 땅처럼 넓고 크기 때문에 그런 본성은 '천

지의 본성'이라고 말한다. 장재는 기질의 본성을 자신의 본성이라 생각하지 말고 반성적인 성찰을 통해 천지의 본성을 자신의 본성으로 삼으라고 권한다.

이런 본성과 지각의 결합이 바로 우리의 마음이다. 장재에게 본성이라는 원천은 지극히 고요하여 전혀 감응이 없다. 지각은 외부 사물의 자극에서 발생하는 의식과 지식 활동을 말한다. 그래서 장재는 사람의 마음이 갖는 의식과 지식은 모두 사물과의 관계에서 발생하는 일시적인 감응〔客感〕이라고 말한다. 만일 외부의 사물과 관련이 없다면 의식과 지식은 발생할 수 없다. 이러한 마음에 대해 장재는 "마음이 본성과 감정을 통괄한다〔心統性情〕"는 매우 중요한 명제를 제시한다. 본성과 감정은 모두 마음으로 통합되는데, 이

《장재집(張載集)》〈성리습유(性理拾遺)〉에 나온다.

때 감정은 정서나 기분이 아니라 현상적인 의식 활동 전반으로서의 지각을 말한다. 결국 장재에게 마음은 본성과 지각, 본성과 감정의 결합이다.

본성을 기질의 성품과 천지의 본성으로 구분하듯, 마음의 지식 또한 두 가지로 분류된다. 장재는 눈과 귀 같은 감각기관을 통해 '보고 들어서 아는 것〔見聞之知〕'과 '윤리적 본성에 따라 아는 것〔德性之知〕'을 구별한다. 전자는 우리가 살면서 부딪히는 감각적인 현실세계에 한정된 앎이다. 그러나 우리가 세계의 모든 사물을 보고 들을 수는 없으므로 보고 들어서 아는 앎에는 명백한 한계가 있다. 반면 후자는 경험의 영역을 뛰어넘는다. 장재는 본성은 만물의 근원으로서 개인이 사사로이 얻을 수 있는 것이 아니므로 윤리적 본성에 따라 아는 것은 경험적 지식과는 무관하다고 말한다. 그것은 바로 보편적인 이치를 궁구하거나 자기를 성찰하는 과정에서 발생한다.

> 사람은 마음을 넓힘으로써 천하의 만물을 자신의 몸으로 삼을 수 있다. 어떤 하나의 사물이라도 자신의 몸으로 여기지 않으면 그 마음에는 외부가 있게 된다……성인은 자신의 본성을 철저히 실현하여 자신의 마음을 보고 듣는 데 제한시키지 않는다. 그는 세상의 모든 사물을 자기 자신으로 간주한다.
>
> 《정몽》, 〈대심(大心)〉

장재가 꿈꾸는 성인이란 우주의 모든 존재를 담아낼 정도로 마음이 무한히 큰 사람이다. 보통 사람의 마음은 자신이 보고 듣는 감각 경험에 한정된다. 따라서 개체적인 자의식에 빠져서 자신과 남 또는 사물을 구별한다. 이런 구별의 마음에서는 당연히 외부의 사물이 자신의 몸처럼 생각될 수 없다. 하지만 성인은 우주적 작용과 법칙을 함축하는 본성을 실현할 수 있기 때문에 감각 경험을 초월할 수 있다. 그 마음을 무한하게 넓힌다면 마음 안에 세계의 만물이 포함되어 나와 한 몸이 될 수 있다. 이와 같이 외부가 없는 마음이 바로 하늘의 마음이다. 우리의 마음을 확장하여 하늘의 마음과 같이 된다면, 외부가 없는 상태 곧 천지의 만물과 하나가 되는 경지에 도달할 수 있다.

마음을 크게 하여 만물과 하나가 되는 일은 자신의 '사사로운 마음(成心)'을 비우는 수양과 상통한다. 사사로운 마음을 비워야 자신의 마음이 본래 갖고 있는 역량을 온전히 실현할 수 있다. 마음을 비우는(虛心) 수양은 자신의 기질을 변화시키는 일의 동전의 양면이다. 개체에 한정된 기질을 변화시킴으로써 만물과 소통할 수 있는 마음의 역량을 회복할 수 있기 때문이다. 그래서 장재는 마음을 비우면 인(仁)이 생기며 비움은 인의 근원이라고 말한다. 그에게 유교 최고의 덕목인 인은 비움의 논리에 의해서만 가능한 셈이다. 사적인 마음을 비우고 마음을 무한히 확대하면, 우주와 세계 전체가 그 마음에 들어오게 된다. 이처럼 외부가 없는 성인의 마음은 고통 받는 타인 역시 자신의 일부로 여겨 정성껏 돌보고 사랑할 것이다. 결국 장재는 마음을 크게 하고 비우는 수양론을 통해

이처럼 비움을 강조하고 우주의 본체를 태허라고 부르는 점에 근거해서 장재는 비움을 중시하는 도교적 사유의 흔적을 지니고 있는 것으로 평가되기도 한다. 하지만 《도덕경(道德經)》에서 말하는 비움은 유교의 인(仁)을 부정하는 논리에서 나온 것이라면, 장재가 말하는 비움은 만물을 두루 사랑하는 인을 실현하기 위해서다.

공자가 말한 인은 본래 구체적인 예절의 실천이나 사회적 규범을 말하는데, 신유학에 이르러 인은 만물을 낳는 우주적인 생명력이나 형이상학적인 본체로 의미가 변한다. 장재의 인 역시 만물을 포괄하는 우주적인 사랑이라 할 수 있다.

두루 사랑하는 인격의 완성을 구성한 것이다.

5. 신유학적 기철학의 원형을 제시하다

장재는 도교나 불교에 맞서 유교의 독자적인 우주론과 형이상학을 본격적으로 구축한 철학자다. 이러한 새로운 우주론은 특히 세계의 객관적 실재성을 부정하고 모든 현상을 마음으로 환원하는 불교적 사유에 맞서 성립된 것이다. 송대에 시작된 새로운 유학의 흐름은 장재에 이르러 우주론에서 윤리학에 이르는 철학 체계를 완성한다. 그는《주역》의 논리를 자신의 기철학에 도입하여 태허의 기→음과 양→만물로 이어지는 생성과 변화의 과정을 제시했다. 자연과 인간을 아우르는 기일원론은 현실세계와 우주를 모두 책임지는 새로운 사대부 지식인의 유학적 세계관을 뒷받침한다. 이러한 세계관이 바로 우주적 가족주의와 사랑의 인을 제시한〈서명〉으로 표현되고 이다.

장재의 관학파(關學派)는 장재가 죽자 급속히 쇠퇴했지만 신유학의 집대성자인 주희가 장재를 자신의 사유 체계에 활용하면서 그의 사유는 지속적인 영향을 미친다. 성리학 정통에서는〈서명〉을《맹자(孟子)》이후 최고의 문헌이라고 평가하기도 했다. 특히 본성과 지식을 두 가지로 나누는 장재의 이원론적인 인간 이해는 다양한 방식으로 후대에 변주된다. 하지만 신유학적 기철학의 원형을 제시한 그의 사유 체계는 이치를 세계의 근원으로 보는 주희 계열과 다소 이질적인 측면을 갖고 있다. 그의 기철학은 명말 청초의 사상가 왕부지에 이르러 진정한 부활이 이뤄진다. 특히 현대 중국에서는 장재의 기일원론이 물질을 세계의 근본적인 실재로 간주하는 공산주의 유물론(唯物論)의 전통적 형태로 규정되면서 부각되었다.

장재의 제자 대부분이 관중 지역에 거주했기 때문에 그의 학문을 추종하는 학자들을 관학파(關學派)라 했다.

장재가 들려주는 이야기

부귀와 행복은 나의 삶을 윤택하게 해주고
빈천과 근심은 너를 갈고 닦아 완성시켜 주리라.
살아 있는 동안 나는 따르고 섬길 것이며
죽게 되면 편안히 쉬리라.

《정몽》, 〈건칭(乾稱)〉

富貴福澤, 將厚吾之生也,
貧賤憂戚, 庸玉女於成也.
存吾順事,
沒吾寧也.

한자 풀이

富(부) : 부유하다
貴(귀) : 귀하다
福(복) : 복, 행복
澤(택) : 은덕
將(장) : ~로써
厚(후) : 두텁게 하다, 윤택하게 하다
貧(빈) : 가난하다
賤(천) : 천하다
憂(우) : 근심
戚(척) : 근심, 슬픔
庸(용) : ~로써
玉(옥) : 갈다, 다듬다

女(여) : 너, 그대

順(순) : 따르다

事(사) : 섬기다

沒(몰) : 죽다

寧(녕) : 쉬다

깊이 읽기

장재는 우주적 가족이라는 개념을 통해 남을 자신의 형제로 여기는 마음을 이끌어 내고, 부모의 명령에 절대적으로 복종하는 효를 요청한다. 누구나 원하는 부귀와 행복은 나의 삶을 윤택하게 만들기에 의미가 있고, 반대로 누구나 싫어하는 빈천과 근심은 우리를 갈고 닦아 완성해주는 계기가 되므로 긍정된다. 빈천과 근심처럼 원하지 않는 사태나 감정에 처할 때도 우리는 그것을 오히려 자기 성찰과 성숙의 계기로 전환할 수 있다. 생명을 유지하는 동안에는 아버지인 하늘의 명령을 따르고 섬기는 자세로 살고, 목숨이 다해 죽게 되면 태허의 기로 돌아가서 편안하게 쉴 수 있다. 하늘의 명령인 본성에 복종하는 삶을 살다가 만물의 근원인 태허로 평안하게 돌아가는 인격은 현실의 책무에 힘쓰면서 영원한 우주의 흐름에 순응하는 사대부의 이상을 보여준다.

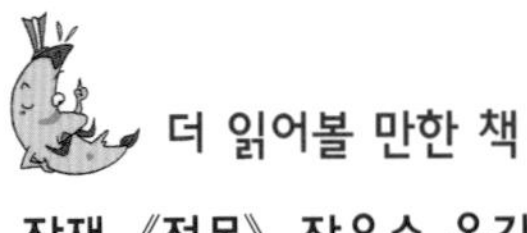

더 읽어볼 만한 책

장재, 《정몽》, 장윤수 옮김(책세상, 2002)

장재의 원전에 대한 번역서가 거의 없는 상황에서 그의 대표작인 《정몽》을 번역한 이 책은 매우 중요하다. 《정몽》의 17편 전부를 번역한 이 책은 깔끔한 문체로 장재의 사상을 옮겼다. 해제에서는 장재의 핵심적인 사유 구조를 간략하게 소개하고 있어 장재의 세계에 들어가는 데 좋은 안내서다. 문고본이라서 가지고 다니면서 손쉽게 읽을 수 있다는 장점도 있다.

함현찬, 《장재—중국 기철학의 완성자》(성균관대학교출판부, 2003)

이 책은 국내에서 유일한 장재 연구서다. 저자는 장재의 시대와 생애, 학문과 사상, 저술에 대해 전반적인 이해를 도모할 수 있는 내용으로 이 책을 구성하고 있다. 장재에 대한 연구 현황에서는 그동안의 성과를 살펴볼 수 있다. 《정몽》의 주요한 편명들에서 선별적으로 골라서 번역한 부분이 원문과 함께 수록되어 있어서 좀 더 전문적인 관심을 가진 독자들에게 도움을 준다.

제2장

주희—본성이 곧 이치다

1. 새로운 유학의 철학적 체계화

주희

주희(1130~1200)는 남송시대에 복건성의 우계에서 태어났으며, 자는 원회(元晦)이고 호는 회암(晦庵)이다. 그는 인생의 대부분을 숭안과 건양 지역에서 보내며 저술과 강학에 전념했다.

주희는 북송시대에 시작된 신유학의 체계를 완성한 남송시대의 대표적인 사상가다. 그의 학문이 주자학이라는 이름으로 불리면서 아직도 신유학이나 성리학을 대변하고 있는 현실은 그의 절대적인 위상을 말해준다. 주희는 진리의 계보〔道統〕를 설정하여, 맹자 이후 1,000여 년간 단절된 유교의 진리가 정호(程顥)와 정이(程頤) 두 형제를 통해 부활했으며 자신이 그들의 사상을 계승했다고 생각했다. 이러한 학문적 자부심은 북송시대 주돈이(周敦頤), 장재, 정호, 정이의 사상을 자신이 종합적으로 정리했다는 인식에 기초한다. 예를 들어 그는 여조겸(呂祖謙)과 함께 《근사록(近思錄)》을 편찬하여 선배 유학자들의 학문을 주제별로 분류하여 정리했다.

주희는 청년기에 한때 불교에 심취했으나 연평(延平) 선생으로

정호(程顥, 1032~1085)는 자가 백순(伯淳)이며 흔히 '명도(明道) 선생'으로 불렸다. 그는 동생 정이와 함께 낙양에서 강학했기 때문에 그와 정이의 학문을 '낙학'이라고 한다. 그는 넉넉한 자유의 정신을 갖춘 인품으로 유명하다.

정이(程頤, 1033~1107)는 자가 정숙(正叔)이며 엄격한 성격의 소유자로서 형 정호와 함께 이정(二程)으로 불렸다.

주돈이(周敦頤, 1017~1073)는 자가 무숙(茂叔)이며 배움을 통해 성인의 경지에 도달할 수 있다고 하여 새로운 유학의 높은 인격적 이상을 제시한다. 그의 제자로는 정호와 정이가 유명하며 흔히 도학의 창시자로 평가된다.

여조겸(呂祖謙, 1137~1181)은 호가 동래(東萊)며 주희와 함께 북송시대 유학자들의 글을 주제별로 분류하여 《근사록(近思錄)》을 만들었다.

불리는 스승 이통(李侗)과의 학문적 만남을 계기로 도학의 전통을 잇게 된다. 그는 특히 '본성이 곧 이치'라고 본 정이의 노선을 중심으로 기존의 모든 유학을 평가하고, 불교나 도교와 구별되는 새로운 형이상학과 윤리학을 완성한다. 주희는 유교적 가치를 형이상학적인 원리로 격상시켜 영원의 지평에 올려놓으려 노력했다. 이처럼 보편적인 이치의 법칙성을 강조하는 주희의 학문은 동시에 기철학의 유산을 자신의 체계에 수렴하여 둘을 종합한다. 다시 말해 그는 기를 통해 만물의 생성이나 개체적인 차이를 설명하면서 동시에 그러한 기의 존재 근거로서 이치를 제시한다. 따라서 그의 철학 체계에서 이치와 기가 갖는 상호 의존과 대립의 관계는 만물의 생성에서 인간의 마음과 윤리적 실천까지 세계의 모든 과정을 관통한다.

2. 태극도 이치, 본성도 이치

주희는 유교의 가치를 단지 사회적인 규범에 머물지 않고 우주론적 본체의 지위로 격상시켰다. 다시 말해 사람의 윤리적인 법칙을 보편적이고 절대적인 궁극 실재인 이치[理]와 동일시했다. 주희에게 만물의 총체인 세계의 생성과 변화는 바로 윤리적 가치를 함축한 이치에 의해 이뤄진다. 이치가 없다면 사람을 포함한 모든 생명체와 자연 현상은 발생할 수 없다. 모든 존재의 근원이자 근거인 이치는 그 자체 안에 무한한 생명력과 활동성을 포함하고 있다.

다만 그 생명력과 운동성은 기라는 재료를 통해서 자신을 현상적으로 드러낸다. 비록 논리적인 순서에서는 이치가 기보다 먼저 있고 기가 나중에 있어야 하지만, 실제 현상세계에서는 양자가 결합하여 존재한다. 이치와 기는 서로 떨어지지도 섞이지도 않는 관계 속에서 이 세계를 구성하고 있는 셈이다. 기가 없다면 이치는 자신을 드러낼 수 있는 구체적인 기반을 상실하고, 이치가 없다면 질서 있는 기의 구성은 불가능하다.

이통(李侗, 1093~1163)은 주희의 청년기 스승으로서 연평(延平) 선생으로 불린다. 주희는 이통을 통해 도학의 전통을 학습했으며 이통과 나눈 대화를 《연평답문(延平答問)》으로 남겼다.

> 통괄적으로 말하면 만물 전체는 하나의 태극이며, 구분하여 말하면 하나의 사물은 각각 하나의 태극을 갖는다.
>
> 《태극도설해(太極圖說解)》

주희는 주돈이의 《태극도설(太極圖說)》을 자신의 우주생성론으로 수용하여 체계화시킨다. 《태극도설》은 궁극 실재인 태극→음양(陰陽)→오행(五行)→만물로 이어지는 우주 생성론을 제시한다. 여기서 만물의 근원인 태극이 바로 이치이다. 우주적 생명력을 함축한 태극은 만물의 이치로서 전체성과 동시에 개체성을 갖는다. 모든 만물의 동일한 근원이라는 점에서는 통일적인 원리가 되고 각 개체의 고유성을 구성한다는 점에서는 개체성을 지닌다. 마치 밝은 달은 하늘에 하나 떠 있지만 그것이 수많은 강물에 그대로 비치듯 하나의 통일적인 태극은 무한한 개체 안에 빛나는 달처럼 내재해 있는 셈이다. 이처럼 동일한 태극을 보편적인 존재의 근원으로 지니고 있기 때문에, 각각의 개체는 상호 간의 차이를 초월해

세계의 대립적인 속성을 포괄하는 두 가지 근원적인 기가 되는 음양과 달리 오행(五行)은 나무(木), 불(火), 흙(土), 쇠(金), 물(水)처럼 구체적인 물질이 상징하는 다섯 가지 요소나 작용으로 상호 생성과 극복의 관계를 갖는다.

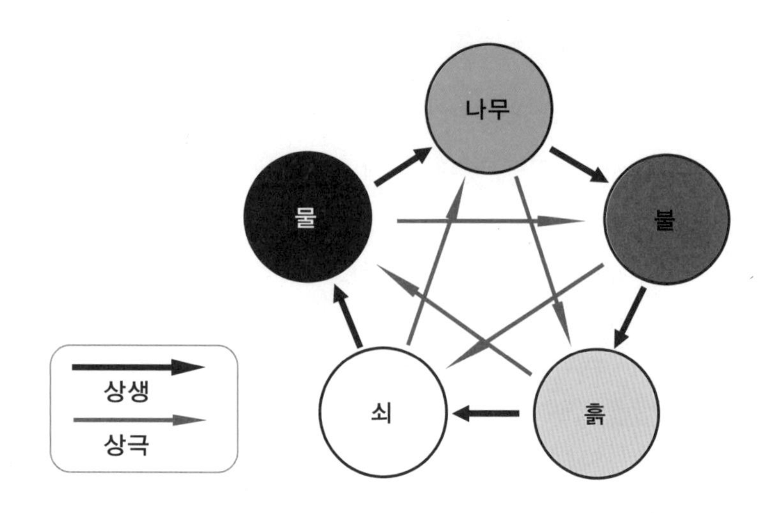

주희는 태극을 무극(無極)이라고 하여 태극의 초월성을 강조했는데, 육구연(六九淵)은 《태극도설(太極圖說)》 자체가 주돈이의 저서인지 의심스럽고 '무극'이라는 용어를 절대 사용할 수 없다고 반박한다.

상통할 수 있는 가능성을 선험적으로 가진다.

만물에 내재한 태극, 곧 이치는 바로 개별적인 존재의 본성〔性〕으로 규정된다. 우리가 흔히 주희의 학문 체계를 성리학으로 부르는 것은 그의 사유가 본성이 곧 이치라는 사고 위에 구축되어 있기 때문이다. 우리는 의미 있는 존재로 살기 위해 본성을 실현해야 한다. 이 명령의 본성은 다름이 아니라 우주적 근원이자 본체라고 할 수 있는 태극의 내재이기 때문이다. 이런 의미에서 본성은 절대적인 선으로서 사람이 실현해야 하는 윤리적 이념이다. 개체로서 살아가는 우리는 내재적 이치인 본성과 신체를 이루는 형체의 결합물이다. 이치와 기가 갖는 대립과 의존의 관계는 본성과 형체 사이에도 통용된다. 형체가 없다면 본성은 자리 잡을 곳이 없으며, 본성이 없다면 형체는 의미 없는 덩어리에 불과하다. 둘의 결합은 우리의 삶을 가능케 하지만 둘의 분리는 죽음을 뜻한다.

태극의 이치가 보편적인 근원이기 때문에 그것의 내재인 본성 역시 보편적인 성격을 갖는다. 이런 측면에서 세계의 모든 개체는 본성상 동일하며, 이러한 동일성에 의해 모든 개체는 평등하다. 하지만 주희의 형이상학이 설정하고 있는 근원적 평등주의는 유교의 전통에 따라 사회적인 위계와 차별을 부정하지 않는다. 개별적인 존재가 사회에서 차지하는 위치는 같을 수 없으며, 그런 상이한 위상에 맞는 윤리 역시 부정될 수 없다. 오히려 본성이 갖는 근원적 평등성은 사회적 직분의 차이와 윤리적 위계질서를 정당화한다. 이치는 하나지만 그것이 각 사물에 내재하면서 구체화되는 직분의 윤리는 다르다〔理一分殊〕. 각 개체의 사회적 지위와 관계가

《중용(中庸)》은 "하늘의 명령을 본성이라고 한다〔天命之謂性〕"는 말로 시작한다. 주희는 하늘의 명령이 되는 윤리적 본성을 이치와 같다고 풀이한다. 이때 본성은 구체적으로 인의예지신(仁義禮智信)으로 구성되어 있다.

상이하기 때문에, 그들의 직분 역시 크고 작으며 친하고 소원한 등급의 차이를 갖는다. 예를 들어 부모를 대할 때와 친구를 대할 때의 도리는 다를 수밖에 없다. 하지만 이러한 직분의 차이 역시 이치의 보편적 동일성 안에 함축되어 있다. 주희의 사유 구조에서 진정한 통일성은 개체적 차이를 함축하고 있으며 개체적 차이도 통일성을 담고 있다.

3. 본성은 함양하고 이치는 궁구한다

주희는 태어난 처음에 받는 순수한 본성을 천명지성(天命之性)으로, 기질에 의해 제약을 받는 본성을 기질지성(氣質之性)으로 구분한다. 그에게 수양은 본래의 순수성을 회복하는 노력이 된다.

사람에게 자신의 본성은 삶의 의미와 인격적인 성숙을 가능케 하는 원천이다. 그런데 본성은 사람의 신체적 조건인 기질에 제약을 받으며 그것을 통해 실현되기 때문에 기질이 매우 중요하다. 따라서 주희는 본성의 온전한 실현 가능성을 기준으로 사람의 차별적인 위계를 설명한다. 기의 맑음과 탁함은 윤리적인 인식의 능력과, 기의 순수함과 잡박함은 윤리적인 실천 능력의 차이와 관련이 있다. 예를 들어 이치에 대한 인식 능력이 떨어지면 기질이 탁한 것이고 본성을 제대로 실천하지 못하면 기질이 잡박한 것이다. 이러한 기질의 분류에 따라 성인, 현인(賢人), 어리석은 사람이라는 구분이 생긴다. 하지만 원칙적으로 이치에 대한 진정한 앎과 실천을 통해 자신의 본성을 온전히 발휘하면 누구나 성인의 경지에 도달할 수 있다. 결국 존재의 변화와 성숙의 가능성은 수양의 문제로 귀결된다.

인간의 자기 완성을 지향하는 수양의 과제를 해결하기 위해 주희는 자신의 고유한 심성론(心性論) 체계를 완성한다. 그에게 마음은 본성과 감정을 통괄하는 역할을 한다. 이러한 마음의 이해는 본래 장재가 제시한 것인데, 주희는 자신의 철학 체계에 맞게 이를 재구성한다. 주희에게 본성은 이치로서 마음의 본체이며, 감정은 현상적인 모든 의식과 사유 작용으로서 마음의 작용이다. 본성과 달리 감정은 반드시 외부의 사물이나 사태와 관련해 발생한다. 따라서 본성이 물의 고요함이라면 감정은 물의 흐름이고, 마음은 둘을 포괄한다. 본성은 순수하게 선하지만 감정은 선하기도 하고 악하기도 하다. 이런 본성과 감정은 각각 마음이 현상적으로 드러나지 않은 미발(未發)과 외부의 자극으로 발현된 이발(已發)로 분류된다.

구성의 측면에서 본성과 감정의 통합이 마음이라면, 실제 수양 과정에서 본성과 감정은 마음이 주재하는 대상이다. 따라서 현상적인 마음인 감정 속에서 본성의 선한 단서를 찾는 성찰(省察)과 더불어 본성에 대한 함양(涵養) 공부가 필요하다. 본성을 기른다는 의미를 지닌 함양과 존양이라는 단어는 식물을 키우는 과정을 연상하면 쉽게 이해할 수 있다. 본성은 선험적인 원칙이나 원리와 더불어 만물을 생성시키는 생명력을 지니고 있다. 본성은 선험적인 원칙과 더불어 만물을 생성하는 생명력을 지니고 있으므로 식물의 뿌리에 비유될 수 있다. 뿌리를 튼튼하게 키우지 않으면 가지와 열매 역시 튼실할 수 없다. 마찬가지로 비록 외부 사물의 자극이나 의식적인 사유가 없는 고요한 미발의 상태에도 본성을 잘 길

신유학에서 세계의 본질을 마음이나 본성과 연관 짓는 심성론(心性論)은 매우 핵심적인 위상을 갖는다. 그것이 우주론과 윤리학, 수양론을 매개하는 고리 역할을 하기 때문이다. 자연과 우주가 인간 사회와 통일적으로 연관을 맺는 것은 바로 마음과 본성을 통해서다.

《중용》에는 "기쁨, 노함, 슬픔, 즐거움의 감정(喜怒哀樂)이 아직 발동하지 않은 것(未發)을 중심(中)이라 한다"는 구절이 있다. 주희는 이통과의 만남을 통해 미발의 기상(氣象)을 체인(體認)하는 문제와 씨름하면서 결국 자신의 고유한 사유 체계를 구성하게 된다.

러야 그 발현이 온전할 수 있다. 미발의 함양과 이발의 성찰은 주희에게 모두 경(敬) 공부의 양면을 구성한다. 다시 말해 내면과 외면, 고요함과 움직임, 미발과 이발 전체를 관통하는 마음의 공부가 바로 경이다. 그래서 주희는 성인이 되는 학문의 처음과 끝이 경이라고 말한다.

> 사람의 신령한 마음은 모두 사물에 대한 앎을 지니고 있으며 천하의 사물은 다 이치를 갖고 있다. 다만 이치를 아직 다 궁구하지 못해서 그 앎도 온전하지 못한 부분이 있다. 그러므로 《대학》의 가르침은 배우는 사람이 천하의 사물에 나아가서 이미 그가 알고 있는 이치를 바탕으로 더욱 궁구하여 반드시 그 극치까지 도달하게 했다. 이렇게 오랫동안 공부에 힘써서 어느 날 환히 이치를 꿰뚫어 보게 되면(豁然貫通), 모든 사물의 겉과 속, 정밀한 부분과 거친 부분이 내 마음에 모두 이르게 되어 내 마음의 온전한 본체와 위대한 작용이 다 밝혀진다.
>
> 《대학장구(大學章句)》, 〈격물보전(格物補傳)〉

사실 주희가 말하는 격물(格物) 공부에서 가장 큰 비중을 차지하는 것은 성현의 마음이 담겨 있는 경전이나 문헌을 읽는 독서다. 독서는 글자라는 매개를 통해 이치와 하나가 된 성현의 마음을 자기 마음에서 깨닫는 과정이기 때문이다. 따라서 주희는 독서 방법에 대한 글을 따로 지을 정도로 독서를 중시한다.

주희는 《대학(大學)》을 중심으로 학문의 순서를 체계적으로 구축하는데, 《대학》에서 가장 근본적인 공부는 바로 격물(格物)이다. 그에게 격물은 외부의 사물에 나아가 그 사물에 내재하는 이치를 궁구하는 공부다. 그런데 우리가 만나는 사물은 나무 한 그루, 풀 한 포기에서 사회의 각종 인간관계, 그리고 우주의 광대한 자연현

상에 이르기까지 무한하다. 어느 세월에 그 이치를 다 궁구할 수 있을까? 이런 의문에 대해 주희는 환하게 전체를 관통하는 깨달음의 체험을 제시한다. 그는 구체적인 개별 사물의 이치를 남김없이 다 밝히는 과정을 축적하다 보면, 언젠가 세계의 모든 이치를 꿰뚫어 보는 시선이 생긴다고 말한다. 이런 '활연관통(豁然貫通)'의 체험이 없다면, 수많은 사물에 대한 이치의 탐구는 지리할 것이다. 반대로 사물의 이치를 외부가 아니라 마음에서 찾는다면, 주관적인 이해에 머무르기 쉽다. 주희는 활연관통과 격물이라는 개념을 통해 이 두 가지 문제를 극복하고자 했다.

여기서 우리는 주희가 격물에서 말하는 이치와 앎의 성격에 대해 숙고할 필요가 있다. 《대학》의 학문 체계에서 외부 사물에 대해 앎을 다한다는 격물과 치지(致知)는 성의(誠意), 정심(正心), 수신(修身), 제가(齊家), 치국(治國), 평천하(平天下)의 주춧돌이다. 격물은 얼핏 자연과학적 탐구처럼 보이지만 실제로는 마음의 수양과 정치적 문제로 확대된다. 그리고 이 전체 과정은 본성의 밝은 덕〔明德〕을 밝혀서 궁극적인 선〔至善〕에 머물고자 하는 윤리적 관심에 기초한다. 다시 말해 궁구한 이치에 따라 사물과 적절한 관계를 맺는 것이 격물의 목적이다.

따라서 주희의 격물 역시 사회적 위계질서를 긍정하는 유교의 사유를 전제한다. 사람이 사회와 국가에서 각자 차지하는 자리에 따라 행해야 하는 당위적인 실천의 원칙은 다를 수밖에 없다. 예를 들어 임금은 인자해야 하고 자식은 효성스러워야 하듯이 각자 자신이 머물 자리에 머무르는 일이 격물의 지향점이다. 특히 외부 사물의 이치는 원래 우리의 마음에 내재한 본성과 본질적으로 동일한 태극이다. 이런 의미에서 격물은 외부 사물의 이치를 매개로 마음의 본성이 자기를 실현하는 과정이기도 하다.

4. 본래 마음인 도심을 주인으로 삼으라

마음이 이치와 하나가 되는 활연관통의 경지에 이른 사람은 수양이 필요 없는 성인이다. 그러나 윤리적 실천의 문제에서 대부분의 사람들은 이치와 마음이 하나가 되지 못하고 분열과 선택의 고민에 빠진다. 우리의 마음이 뭇 이치의 내재인 윤리적 본성을 잠재적으로 지니고 있을 뿐 완전히 실현하지 못하기 때문이다. 따라서 성인이 되려는 수양 주체에게도 마음의 분열과 선택의 문제는 매우 중요하다. 이런 맥락에서 주희는 《상서(尙書)》 〈대우모(大禹謨)〉에 나오는 인심(人心)과 도심(道心)의 개념을 중시한다. 〈대우모〉에는 "인심은 위태롭고 도심은 미묘하다. 정밀하게 살피고 한결같이 지켜야 진실로 그 중도를 잡을 것이다"라는 구절이 있다. 주희는 《중용장구(中庸章句)》의 서문에서 〈대우모〉의 가르침을 성인이 전하는 진리의 계보 곧 도통(道統)의 입장에서 중시한다.

주희

요(堯)임금이 선양(禪讓)의 절차에 따라 순(舜)에게 "진실로 그 중도를 잡으라〔允執厥中〕."는 가르침을 내렸는데, 요임금이 또 우(禹)에게 선양하면서 마음의 양태와 공부를 제시한 세 구절〔人心惟危, 道心惟微, 惟精惟一〕을 새로 덧붙였으니, 이것이 바로 〈대우모(大禹謨)〉의 인심도심설(人心道心說)이다.

> 허령(虛靈)과 지각(知覺)의 마음은 하나일 뿐인데 인심과 도심의 차이가 있다고 말하는 것은, 인심은 사사로운 신체〔形氣〕에서 나오고 도심은 올바른 본성〔性命〕에 근원을 두어 지각하는 내용이 다르기 때문이다. 따라서 인심은 위태로워 불안하고 도심은 미묘하여 알기 어렵다. 그러나 몸을 가지고 있지 않은 사람은 없기 때문에 가장 지혜로운 사람일지라도 인심이 없을 수 없고, 본성을 갖고 있지 않은 사람은 없기 때문에 가장 어리석은 사람일지라도 도심이 없을 수 없다.
>
> 《중용장구》, 〈서문〉

사실 《중용》에는 하늘의 명령인 본성, 미발과 이발의 도식 등에 대한 언급은 있지만 인심과 도심이라는 용어는 나오지 않는다. 그럼에도 주희는 자신의 사유 체계에 따라 《상서》의 인심과 도심을 진리의 계보로 부각해 《중용장구》의 〈서문〉에서 강조한다. 그는 마음이 사적인 신체적 욕구를 지각하는 인심, 그리고 본성에 근원하여 이치를 지각하는 도심으로 나뉜다고 보았다. 도심 곧 윤리적인 선한 마음은 선한 본성에 기원한다. 예를 들어 어린이가 지하철 선로에서 떨어지는 모습을 보았다고 가정해보자. 누구라도 그러한 광경을 보는 순간 안타깝고 걱정스러우며 측은해하는 마음이 생길 것이다. 이는 인의 본성이 외부 사태에 촉발되어 현상적인 마음으로 실현된 도심의 사례다. 이와 달리 배가 고프면 밥을 먹고 목이 마르면 물을 마시는 인심의 욕구는 신체적인 조건에서 발생한다.

주희에 따르면 도심과 인심은 올바른 본성과 사사로운 신체라는 상이한 존재의 근거를 갖고 있다. 그리고 사람이라면 누구도 본성과 신체라는 조건을 벗어날 수 없다. 따라서 우리가 신체를 가지고 있는 한 신체에 기초한 욕구의 마음은 비록 성인이라도 생기지 않을 수 없다. 반대로 어리석은 사람도 개체가 지니는 태극 곧 본성을 갖고 있기 때문에, 비록 일상에서 사적인 유한성에 갇혀 지내더라도 도심이 전혀 없을 수 없다. 만일 개체적인 유한성의 인심에 갇혀서 인간의 가치를 규정하는 도심이 주인 행세를 전혀 하지 못한다면, 그는 거의 동물과 구분이 되지 않을 것이다.

이처럼 신체에서 나오는 인심이 없을 수 없으므로, 수양론적 문제 해결은 인심의 부정이 아니라 절제나 통제다. 만약 인심이 하늘의 이치와 모순되어 악과 동일시된다면, 그러한 인심은 제거해야 할 것이다. 그러나 인심 자체가 악은 아니기 때문에, 수양을 통해 인심이 도심의 명령을 듣게 하는 것이다. 도심은 희미한 빛처럼 언뜻언뜻 드러날 뿐이지만, 그것이 본성에 근원하고 있는 진리의 마음이기에 우리는 그것을 삶의 주재로 삼아야 한다. 이를 위해서 우선 인심과 도심을 분별하는 안목이 필요하다. 둘을 구별하지 못하면 인심을 제대로 통제하는 일은 불가능하다. 정밀한 성찰을 통해 인심과 도심을 구분하고 올바른 본래 마음을 한결같이 지켜야 한다. 본래 마음 곧 도심이 몸의 주인이 되게 해서 매번 인심이 도심의 명령을 듣게 해야 지나치거나 미치지 못하는 잘못이 없게 된다. 비록 주희는 수양이 필요 없는 성인의 경지를 상정하고 있지만, 사

실 도심으로 인심을 주재하는 수양은 죽는 날까지 멈출 수 없다. 죽음이라는 도착지까지 차를 몰고 가는 인생에서 우리가 운전대를 잡고 긴장을 유지하며 조심스레 전진해야 하듯이 말이다.

5. 동아시아 사회에 가장 큰 영향을 미치다

주희는 이치와 기의 의존과 대립 관계를 통해 우주론에서 심성론으로, 심성론에서 수양론으로 이어지는 정합적인 사유 체계를 구축했다. 특히 그는 윤리적 가치를 보편적인 원리로 승화시키고 동시에 잠재적인 본성으로 내재화시키는 성리학의 논리를 완성했다. 주희가 말하는 본성은 삶의 의미이자 윤리적인 이념이기 때문에 사대부가 자신의 목숨을 초개(草芥)처럼 버릴 수 있는 초월적인 시선을 제공했다. 하지만 그의 학문은 그의 생존 당시 정치나 학계에서 그리 인정을 받지 못하고 오히려 탄압을 받기도 했다. 그러나 그가 《대학》, 《중용》, 《논어(論語)》, 《맹자》를 사서(四書)로 묶어서 주석을 단 《사서집주(四書集注)》는 원대 이후에 과거 시험의 표준이 되어 막대한 영향을 미친다. 동아시아 사회가 근대로 접어들기 이전까지 중국은 물론이고 조선과 일본에서도 주희의 학문은 국가 체계를 구성하고 지식인을 길러내는 데 커다란 권력을 행사했다.

이황(왼쪽)과 이이

특히 명대에는 양명학, 청대에는 고증학이 대안적

인 학문으로 당대를 풍미하던 중국과 달리 조선의 학계는 시종일관 주희의 학문에 기울었다. 우리가 아직도 유학하면 성리학을 떠올리고 주희를 연상하는 것 역시 이러한 영향의 결과다. 사서와 같은 유교 경전을 배울 때도 우선은 주희의 해석을 먼저 배우는 것이 서당의 공통된 현실이다. 더구나 퇴계 이황(李滉)과 율곡 이이(李珥)로 대변되는 조선의 성리학을 이해하기 위해서 주희는 반드시 올라야 하는 산봉우리다. 비록 근대화 과정에서 조선이 멸망하게 된 원인으로 꼽혀 비난을 한 몸에 받았지만, 주희의 학문을 성찰한 후에야 우리의 과거를 직시할 수 있을 것이다.

조선의 성리학을 대표하는 이황(李滉)과 이이(李珥)는 각각 퇴계학파와 율곡학파를 형성할 정도로 후학들을 많이 배출했으며, 조선시대 내내 학문이나 정치 영역에 영향을 미친다. 그들의 영향력은 우리가 사용하는 지폐에 이황과 이이의 모습이 담겨 있다는 사실에서도 확인할 수 있다.

주희가 들려주는 이야기

하늘과 땅은 만물을 낳는 것을 마음으로 삼는다. 그리고 사람과 사물의 태어남은 또한 각각 하늘과 땅의 마음을 얻어 자신의 마음으로 삼는 것이다. 그러므로 마음의 덕을 말하면 비록 그것이 모두 포괄하고 두루 통하여 갖추지 않음이 없지만 한마디로 표현하면 인이다.

〈인설(仁說)〉

天地, 以生物爲心者也. 而人物之生, 又各得夫天地之心, 以爲心者也. 故語心之德, 雖其總攝貫通, 無所不備, 然一言以蔽之, 則曰仁而已矣.

한자 풀이

生(생) : 낳다, 생명
物(물) : 만물
爲(위) : 삼다, 여기다
各(각) : 각각
得(득) : 얻다
雖(수)~然(연) : 비록 ~지만
總(총) : 모두, 총괄하다
攝(섭) : 겸하다, 다스리다
貫(관) : 꿰뚫다
通(통) : 통하다
蔽(폐) : 덮다, 포괄하다

깊이 읽기

주희는 자신의 확고한 사유 체계를 구축한 후 유교 최고의 덕목인 인에 대한 새로운 견해를 제시한다. 공자는 《논어》에서 남을 사랑하는 덕목으로 인을 제시한 적이 있다. 주희는 이처럼 원래 사회적 관계에서 이뤄지는 윤리 실천의 덕목이던 인을 우주적 원리이자 생명력으로 새롭게 해석한다. 하늘과 땅이 만물을 생성하는 마음이 바로 인이기 때문에 인은 우주의 생성 원리가 된다. 우주적 차원의 인은 사람의 본성에 내재해, 감정이 발동하지 않은 상태에서는 모든 이치를 갖추고 감정이 발동하면 무한한 작용력을 발휘한다. 예를 들어 사람의 경우에 남을 사랑하고 사물을 이롭게 해주는 따스한 마음이 바로 인의 작용이다. 하지만 주희는 만물과 나를 손쉽게 동일시하거나 경험적인 지각의 차원에서 인을 접근하는 태도를 경계했다. 만물과 나의 상상적인 동일화는 구체적인 현실 앞에서 무너지기 쉬우며, 경험적인 지각의 작용은 자의적이기 쉽기 때문이다.

더 읽어볼 만한 책

성광동 외, 《스승 이통과의 만남과 대화》(이학사, 2006)

청년 주희와 스승 이통이 나눈 철학적인 질문과 답변을 기록한 《연평답문(延平答問)》에 대한 본격적인 연구서이자 국내 최초의 번역서다. 제1부에서는 철학적 쟁점에 관한 저자들의 논문을 실어 원문에 대한 다각적인 이해를 유도하고, 제2부에서는

《연평답문》의 번역문과 원문을 싣고 있다. 엄밀한 원문 분석과 토론 과정을 거쳐 탄생한 이 책은 청년기 주희의 사유에 관심 있는 사람이라면 꼭 읽어야 할 책이다.

조남호, 《주희―중국 철학의 중심》(태학사, 2004)

중국 철학의 최고봉인 주희의 내밀한 사유 세계를 본격적으로 검토한 연구서다. 저자는 기존의 연구가 특정한 개념 분석에 치중한다고 비판하고 이치〔理〕, 나〔己〕, 타인〔物〕이라는 관계의 구도 속에서 주희의 철학을 조망하고자 한다. 형이상학에서 인성론, 공부론에 이르는 다양한 주제에 대해 핵심 원문을 제시하고 번역한 뒤, 철학적 의미를 분석하고 기존의 연구를 비판적으로 검토한다. 비판적인 주희 이해를 위해서 반드시 읽어야 할 책이다.

제3장

육구연—마음이 곧 이치다

1. 성리학을 비판하고 심학을 열다

육구연은 성리학의 대가 주희와 동시대에 활동하면서 그와 대립한 대표적인 사상가다. 그는 윤리적 본성을 우주적 본질로 규정하는 정이-주희 계열의 성리학과 달리, 마음 자체를 보편적인 이치로 파악한다. 그에게 마음은 단지 윤리적 본성이라는 초월적 본질을 실현하는 매개에 불과한 것이 아니었다. 그는 마음 외부의 사물에 내재하는 이치의 탐구를 중시하는 주희와 달리 마음 안에서 윤리적 실천의 원리를 찾으려 했다. 이와 같이 모든 문제를 마음을 중심으로 풀려고 했기 때문에 그의 학문은 심학으로 불리며 그는 심학의 선구자로 평가받는다. 언변이 출중했던 그는 저서를 남기지 않았다. 따라서 마음을 가장 중시하는 그의 학문은 주로 남에게 보낸 편지나 문인들이 기록한 어록을 통해 접근할 수밖에 없다.

육구연

육구연(1139~1193)은 강서성에 있는 금계에서 태어났으며 자는 자정(子靜)이다. 상산 지역에서 강학을 하고 스스로 상산(象山)이라는 호를 사용해 후학들이 그를 상산 선생으로 불렀다.

육구연은 맹자의 사상적 후예다. 그는 《맹자》를 읽다가 깨우침을 얻게 되었다고 고백할 정도로 맹자를 좋아했으며, 맹자의 심학을 중심으로 유학을 재구성하려 했다. 이러한 사실은 《주역》의 우주론적 도식을 통해 자신의 사유를 뒷받침하려 노력한 다른 신유학자들과 대비된다. 따라서 주희를 비롯한 정이 계열의 성리학자들은 윤리적 이치를 마음에 환원하는 육구연의 학문이 외부 세계를 부정하고 주관적인 마음에만 몰두하는 선학(禪學)이라고 비판했다. 하지만 육구연은 자신이 제시한 마음의 학문〔心學〕이 쉽고 간단한 공부인 데 비해 주희의 학문은 지리하다고 비판한다. 육구연은 주희의 성리학과 달리 마음을 모든 존재의 핵심으로 제시하는 심학의 거대한 흐름을 열어주었다.

1175년 육구연은 여조겸의 중재로 아호사(鵝湖寺)라는 사찰에서 주희와 만나 학문의 방법에 대해 토론한다. 이 모임은 중국 철학사에서 가장 유명한 사건 중 하나다.

2. 우주는 내 마음, 내 마음은 우주

맹자

"맹자의 정신을 부활시키자!" 육구연의 학문은 한마디로 맹자의 신유학적 부활이다. 그는 맹자가 죽은 후 1,500년간 진정한 도가 전승되지 않았다고 생각했고, 자신이 단절된 학문을 다시 잇는다는 의식을 분명하게 가지고 있었다. 물론 다른 신유학자들 역시 맹자의 정신을 계승한다는 자의식을 가지고 있었지만, 《주역》과 《중용》 등의 유교 경전을 통한 우주론과 형이상학 구성에 치중했다. 이에 비해 육구연은 마음을 중시하는 《맹자》에 담긴 정신을 직접 계승하고자 노력했다. 그래서 그는 자신의 고유한 개념을 억지로 만들기보다는 《맹자》에 나오는 구절이나 용어를 활용해 자신의 사유를 전개한다. 다시 말해 육구연은 사변적인 이론이나 새로운 언어의 조합을 좋아하지 않았다. 하지만 인간 사회의 윤리적 지평에 한정되는 맹자의 마음과 달리 육구연이 강조하는 마음은 보편적인 우주적 마음이다.

> 우주가 곧 나의 마음이고 나의 마음이 곧 우주다.
>
> 《육구연집(陸九淵集)》, 〈연보(年譜)〉

육구연은 일찍이 청소년 시기에 자신의 마음과 우주를 동일시하는 깨달음을 얻는다. 그가 말하는 우주는 우리가 흔히 생각하듯 공간적인 개념에 한정되는 것이 아니라 시간적인 연속성까지 포함한다. 마음도 우리가 평상시에 말하는 의식적인 활동으로서의 마음이 아니라 하늘이 우리에게 부여한 본래 마음〔本心〕을 말한다. 그는 사람이면 누구나 시간과 공간의 한계를 초월하는 본래 마음과 우주적인 이치를 갖는다고 믿었다. 시간과 공간의 총체인 우주는 이치라는 보편적 원리로 가득 차 있으며, 이 이치에 의해 세계가 유지된다. 그런데 이러한 우주의 이치가 바로 마음에 가득 차 있기 때문에, '마음이 곧 이치〔心卽理〕'이며 '내 마음이 곧 우주〔吾心卽宇宙〕'가 되는 것이다. 만일 마음과 이치가 분리된다면, 이치는 마음의 외부에 놓인다. 외부의 이치를 기준으로 자신의 마음을 통제하는 방식은 마음의 자발적인 도덕적 역량을 부정하는 것이다.

그래서 육구연은 성인과 우리가 공유하는 본래 마음이 우주에 가득한 이치와 동일하다고 함으로써 마음의 자발적인 윤리 실천의 역량을 긍정한다. 그는 나라는 신체적 개체에 한정되지 않고 우주적 자아로 확장되는 마음과 이치의 보편성과 고유성을 특히 강조한다. 우리의 본래 마음은 시간과 공간의 특수한 조건과 무관하게 영원히 동일하다. 까마득한 과거의 성인이나 미래의 성인, 땅끝 어딘가에 있는 성인도 우리와 동일한 마음, 동일한 이치를 갖는다. 마음이 하나의 마음이 아니고 이치가 하나의 이치가 아니라면, 세계와 우주의 보편성을 확보할 수 없다.

맹자는 어린애가 부모를 사랑하고 형을 공경하는 사례를 들어 우리가 선천적으로 윤리적 인식과 능력을 갖추고 있다고 주장한다. 《맹자(孟子)》〈진심(盡心)〉에 나온다. 여기서 특히 윤리적 앎으로서의 양지(良知)는 나중에 육구연을 계승한 왕수인(王守仁)의 핵심적인 개념이 된다.

육구연은 선천적인 우리의 마음에서 윤리적 실천의 근거를 찾는다. 맹자는 일찍이 배우지 않아도 할 수 있는 윤리적 역량〔良能〕과 생각하지 않아도 알 수 있는 윤리적 앎〔良知〕을 말했다. 이처럼 자율적인 양능과 양지는 육구연이 말한 우리의 본래 마음이다. 우리에게 고유한 이 마음에 근거한다면, 우리는 윤리적 덕목을 자연스

럽게 실천할 수 있는 셈이다. 그래서 육구연은 이 마음을 인의(仁義)의 마음이라고도 부른다. 인의의 마음은 공정한 마음으로서 사사로운 이익을 초월하여 모든 사태에 맞게 윤리적 가치를 실천하게 만든다. 맹자는 만물이 모두 나에게 갖춰져 있다고 말했는데, 육구연은 이때의 '나'를 본래 마음이라고 보았다.

3. 쉽고 간단한 본래 마음의 길

우리의 마음이 공정한 마음으로서 공정한 이치를 지니고 있다면, 당연히 학문은 이러한 마음을 지키거나 회복하는 일이 될 것이다. 육구연은 단적으로 학문의 요체란 본래 마음을 체득하는 것일 뿐이라고 말한다. 마치 밝은 거울이라도 더러운 때나 먼지가 덮이면 사물의 모습을 제대로 비추지 못하듯, 본래 마음도 외물에 덮이면 신령한 역량을 발휘할 수 없고 이치를 밝힐 수 없다. 어리석은 사람은 사물에 대한 욕망에 가려서 본래 마음을 잃어버리고, 똑똑한 사람은 주관적인 견해에 가려서 본래 마음을 상실하게 된다. 두 경우는 일견 다르게 보이지만 사사로움에 갇혀 본래 마음을 잃어버린다는 점에서 같다. 본래 마음의 상실은 마치 불빛이 전혀 없는 상태에서 밤길을 걸어가는 것처럼 우리를 잘못된 길로 인도한다. 따라서 본래 마음을 회복하고 체득하는 일은 비정상적인 타락의 상태인 사사로움을 극복하는 셈이 된다.

> 나의 학문은 내게 자의적인 조작이 전혀 없다는 점에서 다른 학문과 다르다. 비록 수많은 말을 하더라도 다만 내 안에 있는 마음을 깨닫는 것에 불과하며 조금이라도 덧붙일 것이 없다. 최근 어떤 사람이 나에 대해서 "'먼저 그 큰 것을 세우라'는 한 구절을 제외하고는 전혀 다른 재주가 없다"고 말했는데, 나는 그 말을 듣고서 말했다. "진실로 그렇다."
>
> 〈어록(語錄) 상〉

'먼저 그 큰 것을 세우라〔先立乎其大〕'는 말은 《맹자》에 나오는 구절이다. 여기서 큰 것은 대체(大體)로서 본래 마음을 가리키며, 이와 반대로 작은 것은 소체(小體)로서 신체적인 욕망이나 감각을 뜻한다. 육구연은 외부 사물에 가려서 이치를 어기는 사사로움은 자신의 본래 마음을 사유하지 않은 데서 발생한다고 본다. 즉 본래 마음 자체가 자신에 대한 사유 능력을 갖고 있음에도 감각이나 신체적 욕망을 좇다가 본래 마음을 잃어버린다는 것이다. 그래서 육구연은 자신의 본래 마음을 먼저 굳건하게 세우면 사사로운 소체에 의해 중심을 빼앗기지 않을 수 있음을 역설한다. 먼저 본래 마음을 세우는 공부는 정이와 주희가 강조하는 경 공부와 대비된다. 육구연에 따르면, 하늘의 이치를 실현하기 위해 몸과 마음의 긴장을 의식적으로 조성하는 경 공부는 자의적인 조작에 불과하다. 자신의 본래 마음을 믿고 그것을 먼저 세우면 될 뿐 마음을 초월하는 이치가 따로 없기 때문이다.

육구연은 본래 마음의 확립을 강조하기 때문에 경전을 포함한 문자의 학습이나 각종 사물에 대한 지식을 중시하지 않는다. 성인과 똑같이 갖고 있는 자신의 본래 마음을 세워서 보존하면 그만일 뿐이다. 그는 이런 본래 마음을 진정한 자신으로 보기 때문에 "육경이 모두 나의 주석(六經, 皆我註脚)"이라는 선언을 한다. 본래 마음 자체가 모든 이치를 갖고 있으므로 유교의 경전인 육경(六經)은 그러한 이치를 담고 있는 내 마음에 대한 주석에 불과하다. 이런 그의 발언은 주희가 평생 경전의 독서를 중시하면서 주석 작업에 매진한 학문 자세와 극명하게 대비된다. 그는 평생 자신의 이름으로 책을 짓지 않았던 것도 이런 이유 때문이다. 누가 그에게 저술을 권하자 그는 이렇게 대답했다. "육경이 나를 주석하는데 내가 어찌 육경을 주석하겠는가?"

유교의 핵심 경전인 《시경(詩經)》, 《서경(書經)》, 《예기(禮記)》, 《악기(樂記)》, 《역경(易經)》, 《춘추(春秋)》를 말한다.

육구연에게 외부 사물에 대한 지식은 본래 마음이라는 근본이 확립되어야 의미가 있다. 주희에게 독서는 성인의 마음에 도달하는 수단으로서 중요한 격물의 방법이다. 하지만 육구연은 외부 사물 하나하나의 이치를 탐구하는 주희의 격물 공부를 지리하다고 비판한다. 이러한 방법은 지엽적인 부분에 접근할 뿐 핵심이 되는 본래 마음을 파악하는 데는 도움이 되지 않는다고 보았던 것이다. 그에게 격물은 외부의 사물이 아니라 자신의 마음에 있는 이치에 이르는 공부다. 그리고 그 이치는 너무도 명백하여 어린아이도 들으면 알 수 있다. 예를 들어 스승이 학생에게 '집에 들어가면 효도하고 집을 나오면 어른에게 공경하라'는 말을 했다고 가정해보자.

이러한 가르침은 너무도 명백해서 따로 주석이 필요없다. 이처럼 육구연이 말하는 격물은 명백한 마음의 이치에 이르는 쉽고 간단한 길이다.

4. 뜻을 분별하고 자신의 주인이 되라

육구연은 세세한 개념의 구별이나 분석을 피하고 핵심을 바로 간파하는 안목을 중시한다. 그는 예를 들어 본성, 감정, 마음 등의 개념에 대한 구별을 지엽적인 문제에 마음을 쓰는 병폐에 해당한다고 비판한다. 마음을 궁극적인 실재로 여기고 모든 문제를 마음으로 환원하는 육구연의 사상은 마음을 곧바로 파악해서 부처가 되겠다는 선불교(禪佛敎)의 분위기를 연상시킨다. 실제 주희는 마음을 절대시하는 육구연이 선에 가깝다고 평가했다. 하지만 육구연 자신은 '의로움과 이익〔義 · 利〕'으로 유교와 불교를 구별한다. 그에게 유교는 의롭고 공정하므로 현실세계를 다스리지만, 불교는 이익을 좇고 사사롭기 때문에 삶의 고통을 덜고자 현실세계를 등진다. 육구연이 생각하는 마음은 현실세계를 등지지 않고 보편적인 유교의 가치를 함축하고 있었던 것이다.

참선하는 부처상

의로움과 이익의 분별은 육구연의 핵심적인 가르침 가운데 하나다. 그는 제

백록동서원은 주희가 남강군 지사로 있을 때 재건한 서원이다. 1181년에 주희는 육구연에게 학생들을 일깨우는 이야기를 부탁했는데, 육구연은 이익이 아니라 의로움을 위해 학문을 해야 한다고 말한다. 그의 뛰어난 강연 때문에 주희도 감동했으며 심지어 눈물을 흘리는 사람도 있었다고 한다.

자들에게 '뜻을 분별하라〔辨志〕'고 가르쳤는데, 이것이 바로 의로움과 이익의 분별이다. 육구연은 일찍이 백록동서원에서 "군자는 의로움에 밝고 소인은 이익에 밝다〔君子喩於義, 小人喩於利〕"는 《논어》의 구절을 강의한다. 육구연은 사람이 밝게 아는 것은 그가 익힌 삶의 방식에서 유래하고, 그 익힌 삶의 방식은 그가 뜻하는 것에서 나온다고 본다. 따라서 의로움에 뜻을 두면 삶의 방식에 의로움이 있게 되고, 삶의 방식이 의로우면 자연히 의로움에 밝게 된다. 반대로 이익에 뜻을 두면 삶의 방식은 이익에 기초하고, 삶의 방식이 이익에 기초하면 당연히 이익에 밝게 된다. 즉 우리의 삶의 모습을 결정하는 궁극적인 원인은 바로 우리 자신이 지향하는 뜻이다.

> 정신을 모으고 스스로 주재하라. 만물이 모두 나에게 갖춰져 있는데 무엇이 부족하겠는가? 측은해야 할 때는 저절로 측은해하고, 부끄러워하고 미워해야 할 때는 저절로 부끄럽고 미워하며, 관대하고 온화해야 할 때는 저절로 관대하고 온화하며, 강하고 굳세야 할 때는 저절로 강하고 굳세질 것이다.
>
> 〈어록 하〉

육구연에 따르면, 자기 마음에 있는 이치에 밝아 본래 마음의 주재성이 확보되면 외부의 도움 없이도 모든 상황에 맞게 윤리적으로 실천할 수 있다. 만물과 관련한 이치가 우리의 본래 마음 안에 갖춰져 있기 때문에, 만물과 관계를 맺는 구체적인 상황에서도 자연스럽게 윤리적인 행위를 할 수 있다. 하지만 이치에 어두워 주재성이 확보되지 않으면 외부 사물에 이끌리거나 그릇된 학설에 빠진다. 육구연은 특히 외부의 경전이나 권위, 관습 같은 요소를 주인으로 삼고 하늘이 내게 부여한 본래 마음을 손님으로 삼는 전도 현상을 가장 경계했다. 주객전도의 병폐를 극복하려면 모든 윤리적 실천의 원리를 지닌 마음의 주재성을 회복해야 한다. 다시 말해 본래 마음이 우리의 주인이 된다면, 일상의 모든 사태에 적절한 윤리적 실천은 저절로 이뤄진다. 육구연의 심학은 이처럼 본래 마음에 기초해서 윤리적 주체를 꿈꾸었던 것이다.

공자묘

5. 주자학의 비판자로 한 축을 이루다

중국 철학사에서 육구연은 무엇보다 동시대를 산 주희에 대한 비판자다. 마음의 주체적인 자발성을 중시하는 육구연의 심학은 본성을 이치로 보고 외부 사물의 객관적인 이치를 강조하는 성리학과 대립했다. 그가 제안한 심학은 원대 이후 제국의 체제 논리로 전환되는 주자학과 비교되어 부단히 기억된다. 특히 주희와 육구연의 입장이 시기에 따라 어떤 변화를 겪었는지가 중요한 쟁점이 되었다. 이와 같이 송대 이후 학문의 중심이 되는 신유학의 두 가지 경향을 대표하는 육구연과 주희에 대한 논의가 후대 유학자들의 학문적 입장을 규정하는 나침반 역할을 한다.

주희와 맞선 육구연은 훗날 주희의 학문에서 시작해 심학에 이른 왕수인과 함께 묶이면서 정이-주희 계열의 성리학 체계와 맞서는 한 축을 형성하게 된다. 사실 주자학이 융성하던 시기에 육구연의 심학은 그리 주목을 받지 못했는데 이러한 심학의 흐름이 명대에 하나의 세력을 형성하면서 부활했다고 할 수 있다. 따라서 정이와 주희의 성리학을 정주학(程朱學)으로 부르듯이, 육구연과 왕수인의 심학은 두 사람의 이름을 따서 육왕학(陸王學)으로도 불린다. 마음을 이치로 보고 외부의 사물이나 경전의 권위에 얽매이지 않으면서 마음의 자발적 윤리성을 강조하는 육구연의 정신이 왕수인에게 그대로 이어진 것이다.

주희와 육구연은 처음에는 달랐지만 만년에는 같아졌다고 주장하는 정민정(程敏政, ?~1499)의 《도일편(道一編)》, 주희가 만년에 자신의 잘못을 인정하고 입장을 바꾸었다고 보는 왕수인의 《주자만년정론(朱子晩年定論)》, 양자가 처음에는 같았지만 만년에는 달라졌다고 말하며 육구연을 비판한 진건(陳建, 1497~1567)의 《학부통변(學蔀通辨)》 등이 대표적이다.

육구연이 들려주는 이야기

황폐한 무덤은 슬픔을 일으키고 종묘에서는 공경함이 일어나니
이는 영원히 닳지 않는 사람의 마음이라네.
졸졸 흐르는 물이 모여 푸른 바닷물에 이르고
주먹만 한 돌이 쌓여 태산의 봉우리를 이루네.

〈아호화교수형운(鵝湖和教授兄韻)〉

墟墓興哀宗廟欽,
斯人千古不磨心.
涓流積到滄溟水,
拳石崇成泰華岑.

한자 풀이

墟(허) : 폐허, 황폐
墓(묘) : 무덤
興(흥) : 일으키다
哀(애) : 슬픔
宗廟(종묘) : 왕들의 신주(神主)를 모신 사당
欽(흠) : 공경
斯(사) : 이것
磨(마) : 닳다
涓(연) : 졸졸 흐르는 물
積(적) : 모이다
到(도) : 이르다
滄(창) : 푸르다

溟水(명수) : 바닷물

拳(권) : 주먹

崇(숭) : 모이다

泰(태) : 크다, 태산

岑(잠) : 봉우리

깊이 읽기

아호사에서 주희를 만난 육구연은 자신의 사상을 시로 표현하여 드러낸다. 그에 따르면, 사람이 무덤 앞에서 슬퍼하고 종묘에서 공경의 마음이 생기는 것은 남에게서 배우거나 강요당한 것이 아니라 누구나 갖고 있는 마음의 자연스러운 표출이다. 육구연에게 이는 선천적으로 주어지며 영원히 사라지지 않는 보편적인 마음이다. 그는 이 마음을 근원으로 삼아 일상생활에서 넓히고 크게 세운다면, 삶에서 부딪히는 모든 윤리적인 문제에 적절하게 대응할 수 있으리라 믿는다. 그래서 그는 자신의 쉽고 간단한 공부는 결국 위대하게 되지만 주희의 지리한 공부는 떴다 가라앉았다 하면서 그렇게 되지 않는다고 비판한다. 졸졸 흐르는 물이나 주먹만 한 돌은 비록 처음에는 미약하지만 장차 바다에 이르고 산봉우리를 이룬다. 마찬가지로 육구연은 마음이라는 근본을 확립하여 끊임없이 확충해간다면 결국 위대한 성인의 경지에 도달할 수 있다고 보았다.

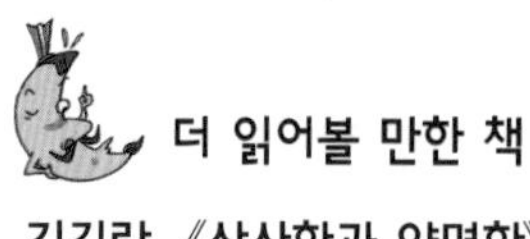

더 읽어볼 만한 책

김길락, 《상산학과 양명학》(예문서원, 1995)

우리나라는 주희의 학문 전통이 강해 육구연과 왕수인의 학문을 연구하는 것 자체가 쉽지 않다. 그러나 이 책은 육구연과 왕수인의 학문을 연관 지어 연구한 보기 드문 저서다. 육구연에 대해서는 제1부에서 다루고 있는데, 〈상산학의 형성과 이론 체계〉, 〈중국의 상산학 전개〉, 〈한국의 상산학 전개〉로 구성되어 있다. 육구연 이해의 입문서로 유용하다.

손영식, 《이성과 현실》(울산대학교출판부, 1999)

중국 송대에 성리학이 정착하는 과정을 탐구한 책으로 제9장에서 주희와 육구연의 논쟁을 다루고 있다. 저자는 주희와 육구연 사이에서 일어난 아호사에서의 논쟁, 그리고 훗날 태극과 무극에 대한 논쟁을 철학적으로 분석한다. 그는 특히 둘의 사상적 차이점을 단지 수양 방법의 문제가 아니라 상이한 마음 이해에서 찾는다. 송대 성리학 전반에 대한 깊이 있는 이해와 비판적인 안목을 길러주는 필독서다.

왕수인—양지를 실현하라

1. 마음의 불빛을 밝히다

왕수인(1472~1529)의 자는 백안(伯安)이며 명나라 때 절강성 여요에서 출생했다. 훗날 그가 고향의 회계산 양명동에 집을 짓고 생활을 했기 때문에 후학들은 그를 양명 선생이라 불렀다. 그의 학문이 학계에서 양명학으로 불리는 것은 이 때문이다.

왕수인은 육구연의 심학을 계승해 완성한 신유학자다. 활달하고 의협심 강한 그는 청년기에 시문(詩文)과 함께 무술과 병법을 즐겼으며, 훗날 각종 농민 폭동과 반란을 진압하는 공적을 세우기도 했다. 도교의 도인술(導引術)이나 불교의 정좌(靜坐) 수행에도 몰두했으나 결국 유교로 돌아와 성인이 되겠다는 뜻을 세우고 학문에 정진했다. 본래 주희의 학문을 추종했는데 마음과 이치를 구분하는 주희의 격물설로 인해 고민에 빠진다. 그러다 용장의 하급관리로 좌천되어 있던 37세 때 '마음이 곧 이치'라는 진리를 깨닫는 체험〔龍場大悟〕을 하게 된다. 이 깨달음 이후 왕수인은 사물의 이치와 나의 마음을 둘로 분리하여 사물에서 이치를 구하는 잘못을 벗어나게 된다.

왕수인은 명나라 무종 때 권력을 휘두른 환관 유근(劉瑾)을 비판한 상소문 때문에 이곳에 유배를 갔다.

왕수인은 성리학과 대비되는 심학을 주장하면서도 주희의 학문을 완전히 부정하지는 않았다. 그는 《주자만년정론》이라는 글에서 자신의 입장이 말년의 주희와 유사하다고 주장하기도 한다.

주희와 처음부터 대립했던 육구연과 달리, 처음에 주자학을 신봉하던 왕수인은 실천의 맥락에서 주자학의 내재적인 모순을 깨닫고 독자적인 심학을 성립시킨다. 특히 그는 《맹자》에 나오는 양지를 이치의 마음으로 규정하고 자신의 심학 전체를 뒷받침하는 핵심 범주로 삼는다. 그리고 그의 양지는 단지 개체에 한정된 마음이 아니라 우주론적인 실체로 확대된다. 다시 말해 그는 우주론적인 양지의 맥락에서 송대 선배 유학자인 정호가 강조한 '만물은 한 몸〔萬物一體〕'이라는 학설을 계승한다. 이처럼 왕수인은 명맥이 끊어져가던 심학을 부활시키고 주희의 학문도 활용하면서 밝은 달처럼 영원한 자신의 심학을 완성했다. 강학으로 수많은 제자를 길러낸 그의 학문은 주로 그의 어록과 편지를 모은 《전습록(傳習

錄)》을 통해 알 수 있다. 그는 죽을 때 말했다. "이 마음이 밝으니〔光明〕 또 무슨 말을 하겠는가?"

명나라 무종

2. 마음 밖의 이치, 마음 밖의 사물은 없다

청소년 시절 왕수인은 풀 한 포기 나무 한 그루에도 있는 세계의 이치를 모두 궁구해야 한다는 주희의 가르침을 굳게 믿었다. 어느 날 왕수인은 천하 사물의 이치를 궁구해야겠다고 결심하고, 친구와 함께 정자 앞에 있던 대나무의 도리를 궁구한다. 밤낮으로 대나무의 이치를 궁구했지만 고민이 너무 깊었던 탓에 이레째 되는 날에는 병에 걸리고 말았다. 자신의 열정적인 시도가 좌절되자 왕수인은 자신이 성현이 될 만한 그릇이 아니라고 한탄한다. 여전히 주희의 격물이 옳지만 자신의 한계 때문에 그 가르침을 제대로 실천할 수 없다고 본 셈이다. 그러나 훗날 용장에 있으면서 마음이 곧 이치라는 깨달음을 얻자 그의 사상은 획기적으로 전환된다. 즉 천하의 사물에는 본래 궁구할 이치가 없다고 생각하게 된 것이다.

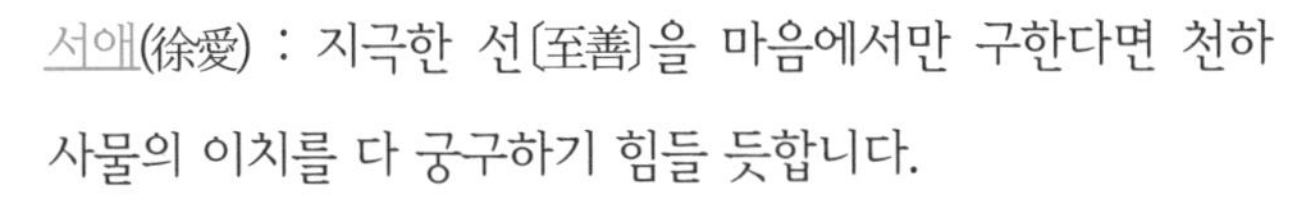

서애(徐愛) : 지극한 선〔至善〕을 마음에서만 구한다면 천하 사물의 이치를 다 궁구하기 힘들 듯합니다.

왕수인 : 마음이 곧 이치다. 천하에 어찌 마음 밖의 사물, 마음 밖의 이치가 있겠느냐……예를 들어 어버이를 섬길 때 어버이에게서 효도의 이치를 구할 수 있겠느냐? 임금을 섬

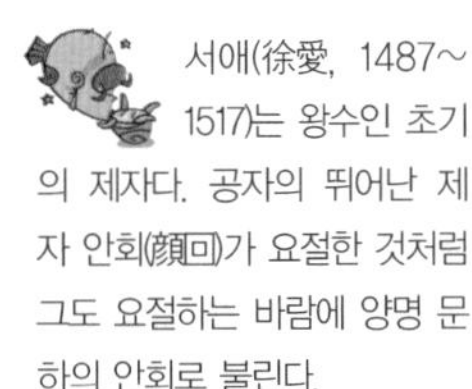

서애(徐愛, 1487~1517)는 왕수인 초기의 제자다. 공자의 뛰어난 제자 안회(顔回)가 요절한 것처럼 그도 요절하는 바람에 양명 문하의 안회로 불린다.

긴다고 임금에게서 충성의 이치를 구하겠느냐? 벗과 사귀고 백성을 다스릴 때, 벗과 백성에게서 미더움과 인의 이치를 구하겠느냐? 이런 이치들은 모두 이 마음에 있을 뿐이다. 마음이 곧 이치이기 때문이다.

《전습록 상》

왕수인의 애제자인 서애는 지극한 선을 마음으로 환원하기만 하면 외부에 있는 사물의 이치를 어떻게 다 궁구할 수 있느냐고 질문을 던진다. 이 질문에는 우리의 마음 밖에 있는 무수한 사물 하나하나의 이치를 다 궁구할 수 있어야 하는 것 아닌가 하는 회의가 담겨 있다. 이에 대해 왕수인은 마음이 곧 이치라고 대응한다. 마음과 이치가 하나라면, 마음은 자기 밖에서 이치를 구할 필요도 없고 구할 수도 없다. 만약 부모를 섬기는 효도의 이치가 부모에게 있다고 생각해보자. 부모가 돌아가시면 효도의 이치 역시 사라지고 말 것이다. 그러나 실제로 효도라는 이치는 부모의 생사를 떠나 언제나 보편적으로 존재한다. 즉 외부의 사물이나 존재가 있든 없든 우리의 마음 안에는 그러한 사물과 적절하게 관계를 맺을 수 있는 이치가 있다. 이런 논리로 왕수인은 모든 이치가 결국 자신의 마음에 있다고 주장한다.

마음 밖에 사물이 없다는 명제는 언뜻 보기에 납득하기 쉽지 않다. 우리 눈앞에 펼쳐진 세계는 명백하고 객관적이며 실재한다. 그런데 이를 마음으로 환원할 수 있을까? 하지만 왕수인이 말하는 사물은 객관적 개체나 대상이 아니라 일종의 사건에 가깝다. 그에게 몸의 주재자는 마음이고 마음이 발현하면 의지가 되는데, 사물이란 바로 이 의지가 있는 곳이다. 예를 들어 애인을 사랑하는 데 의지가 있다면, 애인을 사랑하는 일이 사물이 된다. 다시 말해 애인이라는 개체가 사물이 아니라 그 개체와 실천적 관계를 맺는 사건이 사물인 셈이다. 이런 식으로 우리의 정신 활동이 지향하는 모든 실천적 행위는 사물의 영역에 속한다. 마음과 비교하면 사물이 외부의 객관적 영역에 있는 듯하지만, 사물이 순수한 객체는 아니다. 사물은 의지라는 마음의 발현을 전제로 성립하기 때문에 마음 밖에 있을 수 없다.

왕수인은 우리의 행위를 실제로 작동하게 하는 의지를 중심으로 마음과 사물의 관계를 규정하므로 개체의 실재성이나 개체에 대한 객관적 이해는 중시하지 않는다. 나의 실존에 의미 있는 사건으

예를 들어 애인을 사랑하는 일에 의지가 있다면, 애인이 어떤 성향을 가지고 있으며 무엇을 좋아하고 싫어하는지 알아야 한다. 애인이 돼지고기를 싫어한다면 그에게 돼지고기를 먹이지 않을 것이다.

로서 마음의 의지가 있는 사물에 관심을 집중하기 때문이다. 하지만 사물이 전제하는 존재에 대한 객관적인 지식을 부정하는 것은 아니다. 윤리적인 실천을 하는 경우에 당연히 관계를 맺는 대상에 대한 이해가 요청된다. 다만 윤리적인 책임이나 실천의 문제에서는 그러한 지식을 사용하는 의지가 중심적인 문제가 된다. 마음의 의지는 선과 악의 갈림길을 결정하며 윤리적 책임을 짊어지고 있다. 마음을 벗어나 권위나 기준을 부정하는 왕수인에게 삶에서 관련을 맺는 모든 사물은 마음의 의지와 연관된다.

3. 양지, 하늘의 이치로서 옳고 그름을 아는 마음

마음의 본체는 지극한 선이기 때문에 악이 있을 수 없지만, 마음이 사물과 감응을 하여 발현이 된 의지는 선할 수도 있고 악할 수도 있다. 그렇다면 우리는 우리의 의지가 선한지 선하지 않은지는 어떻게 알 수 있을까? 우리 외부에 선험적인 기준이 따로 있어서 그것과 마음을 대조하여 선악을 판단하는 것일까? 하지만 왕수인은 외부의 이치를 부정했으므로 선과 악을 분별할 수 있는 능력도 마음 안에 있어야 한다. 그가 이 문제의 해결책으로 제시한 것이 바로 맹자가 말한 양지다. 배우지 않고도 선천적으로 아는 도덕적 판단 능력인 양지를 육구연은 강조했는데, 왕수인은 이 양지라는 개념을 중심으로 자신의 심학을 완성한다. 그는 양지가 '옳고 그름을 분별하는 마음(是非之心)'이라고 풀이한다. 왕수인은 이런 양

왕수인

지가 사람의 모든 활동을 결정하는 궁극적인 주체라고 보았다.

맹자

> 내가 말하는 격물과 치지는 각각의 사물에 내 마음의 양지를 실현하는 것이다. 내 마음의 양지는 하늘의 이치다. 하늘의 이치인 내 마음의 양지를 각각의 사물에 실현하면 각각의 사물은 모두 하늘의 이치를 얻게 된다. 내 마음의 양지를 실현하는 일이 치지다. 각 사물이 하늘의 이치를 얻는 일은 격물이다. 이러한 격물과 치지는 마음과 이치를 합하여 하나로 만드는 것이다.
>
> 《전습록 중》

의지가 있는 곳이 사물이기 때문에 왕수인은 마음의 올바르지 않은 모습을 제거하여 본체의 올바름을 온전히 하는 수양으로 격물을 풀이한다. 다시 말해 자신의 마음을 바로잡는 것이 격물이 된 것이다. 이때 온전히 발휘해야 하는 본체의 올바름은 바로 옳음과 그름을 판단하는 양지다. 생각이 옳다면 양지는 그것이 옳음을 알고, 생각이 그르다면 양지는 그것이 그름을 안다. 이런 의미에서 양지는 우리 마음을 규율하는 준칙 역할을 한다. 양지가 알고 있는 선을 진실로 좋아하고 악을 진실로 미워하지 않으면 그 의지는 참되기 어렵다. 선과 악을 좋아하거나 미워하는 것은 바로 의지다. 왕수인은 선과 악을 아는 양지의 앎이 바로 선을 좋아하고 악을 미워하는 행위로서의 의지와 같다고 생각한 것이다. 그래서 그는 앎과 행위가 하나[知行合一]라고 주장한다.

왕수인에게 무언가를 좋아하거나 미워하는 의지는 행위에 속한다. 아름다운 꽃을 알아본다면 저절로 그것을 좋아하게 된다. 좋아하지 않는다면 아직 알지 못하는 것이다.

왕수인은 하늘의 이치와 사람의 욕망 사이의 이분법적인 대립의 도식을 받아들인다. 양지는 하늘의 이치〔天理〕이기 때문에 시간과 공간을 초월하며, 앞과 뒤, 안과 밖, 고요함과 움직임 등 상태나 성질의 구분이 없는 영원한 본질이다. 양지는 사람의 욕망과 대립하므로 사적인 사람의 욕망을 제거해야 비로소 양지가 온전히 실현될 수 있다. 왕수인은 우리의 마음이 순수한 하늘의 이치만을 담고 있다면, 모든 상황에서 저절로 적절한 도리를 실천할 수 있다고 보았다. 예를 들어 겨울에 부모님이 추울 것을 염려해서 따뜻하게 해

드리는 경우를 생각해보자. 이때 순수한 하늘의 이치가 효성스러운 마음이라면, 그 마음에서 추운 겨울이라는 상황에 맞게 따뜻하게 해드리는 개별적인 도리가 나오는 것이다. 왕수인에게 순수한 하늘의 이치인 마음은 뿌리로서, 개별적인 상황에 적합한 무수한 도리라는 가지와 잎을 창출하는 원리다. 이런 의미에서 《대학》에서 말하는 격물과 치지는 마음과 이치의 분리를 극복하고 마음이 곧 이치인 본래적인 합일을 회복하여 실현하는 공부다.

여기서 치지(致知)는 바로 양지를 실현한다는 치양지(致良知)의 뜻이다.

4. 양지를 실현하여 만물과 하나가 되라

왕수인은 자신이 평생 공부한 것은 양지를 실현하라는 뜻의 '치양지(致良知)' 세 글자뿐이라고 회고한다. 왕수인은 세계를 기본적으로 옳음과 그름의 이분법으로 바라보는데, 마음은 바로 천지 만물과 감응하는 옳음과 그름을 자신의 본체로 삼는다. 여기서 천지 만물과 감응하는 옳고 그름의 본체가 바로 양지다. 다시 말해 왕수인의 양지는 개인의 윤리적 행위에 국한되는 것이 아니라 가족, 사회, 국가, 우주 안의 모든 존재와의 관계 문제로 확대된다. 왕수인은 양지를 통해 우주의 모든 존재를 자신과 한 몸으로 인식할 수 있는 웅대한 인격을 꿈꾼다.

> 사람은 하늘과 땅의 마음이고, 하늘과 땅의 만물은 본래 나와 한 몸이다. 백성의 곤궁과 고통은 모두 나의 몸에 절실한

아픔이다. 내 몸의 아픔을 모르는 사람은 옳고 그름을 분별하는 마음이 없는 사람이다. 옳고 그름을 분별하는 마음은 생각하지 않아도 알고 배우지 않아도 할 수 있는 양지다.

《전습록 중》

왕수인의 양지는 사람의 본질적인 마음으로서 천지의 만물을 한 몸으로 여기게 하는 인과 같다. 천지의 만물을 자신의 한 몸으로 여기는 대인(大人)은 천하를 하나의 집으로 여기고 모든 사람을 하나의 사람으로 생각한다. 모든 존재를 하나로 여기는 대인의 마음은 억지로 의도한 것이 아니라 인의 마음이 본래 그렇게 만들 뿐이다. 누구나 한번쯤 세계가 하나라는 생각, 사람들이 하나라는 생각을 가져본 적 있을 것이다. 하지만 실제 삶에서 만물을 하나로 여기는 인의 마음을 실현하기란 쉽지 않다. 내 가족은 배부르고 따뜻하게 그리고 즐겁게 지내는데 세상에 그렇지 못한 사람이 있다면 내가 가진 인의 마음이 다 실현된 것이 아니다.

대인(大人)이 양지라는 보편적인 본체의 자리에서 모든 존재를 자신의 몸으로 여기는 사람이라면, 소인(小人)은 사적인 자의식에 빠져서 외부 사물을 자신과 구별 짓는 사람이다.

왕수인에게 진실로 만물을 사랑하고 만물의 고통을 측은히 여기며 아파하는 양지가 바로 인이다. 노인이 무거운 짐을 진 채 힘겹게 걸어가는 모습을 보고 측은해하는 마음이 생긴다면, 나와 그 노인은 한 몸이 되는 셈이다. 울부짖는 짐승, 부러진 초목, 심지어 부서진 벽돌을 보고서 안타깝고 서글픈 마음을 갖는 것 역시 그 존재와 내가 한 몸이기 때문에 발생한다. 원래 맹자는 남의 고통이나 위험을 보고 측은해하는 마음을 인의 단서라고 했는데, 왕수인은 인간의 영역을 넘어 벽돌과 같은 무생물에게까지 인의 마음을 확

대하고 있다. 이와 같이 양지는 세계의 모든 존재와 교감하고 소통할 수 있는 마음의 역량이기도 하다.

마음 밖에 사물이 없다는 논리는 양지에도 적용될 수 있다. 마음 밖에 사물이 있다면 그 사물과 나는 단절되지만, 모든 존재를 하나로 여기는 양지가 실현되면 사물과 나 사이에는 단절이 없어진다. 이처럼 만물을 한 몸으로 여기는 인의 마음은 나와 남, 사물과 나 사이의 경계를 넘어서게 한다. 그런데 이분법적 경계를 초월하는 인은 옳고 그름을 분별하는 양지의 실현이다. 따라서 옳고 그름을 판단하는 양지의 본래 모습은 진실로 참되게 만물을 측은히 여기고 아파하는〔眞誠惻怛〕 사랑의 인이다. 다시 말해 옳고 그름의 이치를 아는 일은 남을 사랑하는 것이며, 남을 사랑하는 일은 옳고 그름을 아는 것이다. 왕수인의 심학은 결국 양지를 통해 나와 남,

앎과 행위가 하나라는 원칙에서 살펴보자. 옳고 그름의 이치를 아는데 남을 사랑하지 않으면 그 앎은 제대로 된 앎이 아니며, 남을 사랑하는데 옳고 그름의 이치를 알지 못한다면 그 사랑은 진정 하나가 되는 사랑이 아니다.

앎과 행위의 단절을 극복하고 옳고 그름의 시비와 남에 대한 사랑을 통합한 것이다.

5. 자유로운 마음의 길을 열다

왕수인의 심학은 마음속에 모든 윤리적 이치와 원리를 환원시킴으로써 마음의 자발적인 주체성을 확립했다. 특히 개별적인 상황에 따라 그 적합한 도리를 만들어낼 수 있다고 함으로써 마음의 주재를 극도로 강조했다. 그래서 왕수인은 길에서 만나는 보통 사람도 이런 마음을 가진 성인으로 여긴다. 그의 이러한 성인관은 관료나 지식인 위주의 주자학과 달리 서민계층에서까지 공감을 얻을 수 있었다. 그리고 그의 심학은 관료화되고 형식화된 주자학을 벗어나서 기존의 권위와 경전으로부터 자유로운 사상의 길을 열었다. 물론 그의 자유는 유교적 가치질서를 부정하는 것이 아니라 그것을 전제하고 있다. 다만 마음이 모든 진리의 기준이기 때문에, 자의적인 행위 역시 함부로 정당화하여 광선(狂禪)이라는 평가를 받는 후학이 생겨나게 되었다.

강화학파 정제두(鄭齊斗)의 묘

그의 학문은 그가 죽은 후에 광범위하게 전파되었으며, 이른바 양명학이라 불리며 명대의 학계를 대표했다. 황종희(黃宗羲)가 지은《명유학안(明儒學案)》은 요강학(姚江學)으로도 불리는 왕수인의 학

문을 지역적 분포에 따라 7개로 분류하고 있다. 이 가운데 왕간(王艮)이 만든 태주학파에는 중국 사상사 최대의 이단아로 평가받는 이지가 포함된다. 한편 주희의 학문 전통이 강고한 조선에서는 양명학은 사회적인 위상이 매우 낮았다. 하지만 정제두(鄭齊斗)의 강화학파를 통해 본격적으로 양명학이 연구되기 시작했으며 현대 한국에서는 《유교구신론(儒教求新論)》의 박은식(朴殷植)과 《양명학원론(陽明學演論)》의 정인보(鄭寅普) 등이 양명학으로 유명하다.

왕수인이 들려주는 이야기

선도 없고 악도 없는 것은 마음의 본체요
선도 있고 악도 있는 것은 의지의 움직임이다.
선을 알고 악을 아는 것은 양지요
선을 행하고 악을 없애는 것은 격물이다.

無善無惡, 心之體,
有善有惡, 意之動.
知善知惡, 是良知,
爲善去惡, 是格物.

한자 풀이

體(체) : 본체, 본래 모습
有(유) : 있다
意(의) : 의지
動(동) : 움직임
知(지) : 알다
是(시) : ~다
良(량) : 좋은, 타고난
爲(위) : 하다
去(거) : 없애다
格(격) : 바로잡다
物(물) : 사물

깊이 읽기

만년의 왕수인은 자신의 학문을 최종적으로 정리하여 '네 구절의 가르침[四句敎]'을 제시한다. 그런데 그의 제자인 전덕홍(錢德洪)과 왕기(王畿)가 이를 둘러싸고 논쟁을 벌였다. 왕기는 마음의 본체에 선도 악도 없다면 의지와 양지 그리고 사물에도 선과 악이 있을 수 없다고 주장한다. 이에 비해 전덕홍은 마음의 본체에는 선과 악이 없지만 의지에는 선과 악이 있으며, 만일 의지에 선과 악이 없다면 공부를 할 필요가 없다고 반박한다. 이러한 논란에 대해 왕수인은 본체라는 면에서 선과 악을 부정하는 왕기와 공부 면에서 선과 악의 존재를 주장하는 전덕홍이 상호 보완해야 한다고 말한다. 곧 왕기는 전덕홍의 공부를 배우고 전덕홍은 왕기가 제시한 본체를 꿰뚫어 보아야 한다고 말한다. 그러나 왕수인의 후학은 결국 본체를 중시하는 견해와 공부를 강조하는 입장으로 분열한다.

더 읽어볼 만한 책

왕양명, 《전습록》(전2권), 정인재 · 한정길 옮김(청계, 2001)

왕수인 철학의 핵심 문헌인 《전습록》을 충실하고 상세하게 번역하고 해설한 책이다. 특히 해설에서는 원문의 핵심적인 쟁점이나 논지를 제시하고 여러 사상가의 해석을 소개하고 있으며, 주석에서도 각종 문헌의 원문뿐 아니라 번역도 함께 실어 깊이 있는 이해를 돕고 있다. 왕수인의 목소리를 직접 듣고 싶은 사람이라면 꼭 읽어보아야 할 책이다.

최재목, 《내 마음이 등불이다》(이학사, 2003)

오랜 연구와 노력을 바탕으로 왕수인의 삶과 사상을 유기적으로 탐구한 저서다. 저자는 각종 자료를 충실하게 활용하여 왕수인의 삶의 궤적에 따라 어떤 사상적 결실이 발생했는지를 밝히고 있다. 곧 왕수인의 연보와 대응시켜 열두 가지 핵심적인 주장을 시기별로 구체적으로 서술하고 있다. 사진과 그림을 풍부하게 실어 생생한 이해를 돕는다. 왕수인의 삶과 사상으로 이끄는 깊이 있는 입문서다.

제5장

이지—
거짓을 걷어치우고 동심을 따르라

1. 권위와 인습에 얽매이지 않은 자유로운 사상가

이지

이지(李贄, 1527~1602)의 호는 탁오(卓吾)이며 명나라 때 복건성의 천주에서 태어났다. 천주는 당시 중국의 최대 무역항 중 하나로 이슬람과의 교류가 왕성했으며 불교가 융성한 지역이었다.

이지는 마음을 모든 진리의 척도로 삼아 절대적인 자기 확신으로 세계를 살다간 자유로운 정신의 양명학자다. 남에게 굽히기 싫어하고 고집이 센 그는 원래 유교나 불교, 도교를 막론하고 어느 것도 믿지 않았다. 하지만 왕수인의 책을 접하고 나서 그의 학문에 심취한다. 특히 그는 왕수인의 사상을 급진적인 방향으로 계승하는 양명학 좌파와 교류하며 그들을 존경했다. 사회적인 구속이나 인습에 얽매이기 싫어한 그는 한때 삭발을 하고 불당에 머물면서 공자의 형상을 걸기도 했으며, 명나라에서 가톨릭 선교사로 활동하던 마테오 리치Matteo Ricci와 교류하기도 했다. 하위직을 전전하다 관직 생활을 마감한 그는 말년에 독서와 저술에 몰두했다. 하지만 그는 거짓된 학문으로 세상을 미혹하고 백성을 속인다는 죄

마음의 본체에는 선도 없고 악도 없다고 주장한 왕기(王畿)나 갓난아이의 마음을 중시한 나여방(羅汝芳) 등이 바로 이지가 교류한 양명학 좌파 인물들이다.

마테오 리치Matteo Ricci(1552~1619)는 가톨릭 예수회의 선교사로서 중국에 가톨릭을 전파하기 위해 고대 유교와 기독교의 상관성을 설파한 인물이다. 그가 지은 《천주실의(天主實義)》는 동양과 서양의 사상적 교류를 보여주는 저서로서, 특히 조선 사회에 가톨릭이 전해지는 데 커다란 역할을 한다.

마테오 리치

목으로 체포되어 결국 옥중에서 자결하고 만다.

이지는 자기 마음의 주체적인 판단이 서면 어떤 거짓이나 숨김 없이 그대로 말하고 실천하려는 광자(狂者)의 정신을 갖고 있었다. 그래서 그는 낡은 인습이나 사회의 권위, 위선과 가식에 순응하지 못하고 전면적인 비판과 조롱을 가한다. 특히 보편적인 기준으로 여겨지는 유교의 성인인 공자마저도 그의 날카로운 평가를 피하지 못했으며 왕수인이 중시한 맹자 역시 혹독한 비판을 받는다. 이와 같은 부정과 해체의 힘은 외적인 권위나 견문, 도리에 종속되지 않는 참된 마음 곧 동심(童心)에 기초한다. 이지는 평범한 사람들의 자연적인 욕구와 일상생활을 가장 중요한 척도로 삼는 이러한 사유를 동심을 통해 뒷받침했다. 그의 대표작으로는 동심설(童心說)을 담고 있는 《분서(焚書)》, 새로운 역사 평가를 시도한 《장서(藏書)》가 있다.

2. 무턱대고 따라 짖는 개가 되지 마라

이지는 자신이 50세가 되기 전에는 단지 남들이 하는 대로 성인의 가르침을 읽고 공자를 존경하는 한 마리의 개였다고 고백한다. 주변의 개가 짖어대면 까닭도 모르는 채 따라서 짖어대는 개처럼 주체성 없이 살았다는 뜻이다. 이를 자각한 이지는 강한 자기 확신으로 위선을 준엄하게 고발하며 윤리적 결벽주의에 가까운 자세를 지니게 된다. 그러나 어느 정도 위선과 가식으로 굴러가기 마련인 현실세계에서 그의 결벽증은 결국 화를 부른다. 당시의 독서 계층인 지식인이나 국가의 봉급을 받는 관료는 모두 이지를 미치광이로 여기거나 죽여야 한다고 생각했다.

이지의 견해 중 탄핵의 빌미가 된 것은 크게 두 가지다. 먼저 이지는 유교 중심적인 역사 평가를 벗어나, 분서갱유(焚書坑儒)를 단행한 진시황(秦始皇)을 위대한 황제라고 생각했다. 더욱이 그는 유교의 성인으로서 절대적인 권위를 가진 공자의 가치 판단을 옳고 그름을 결정하는 보편적인 기준으로 삼지 않았다. 그는 공자가 지금 다시 태어나도 옳고 그름을 어떻게 할지 모를 것이라고 보았다. 결국 그는 거짓된 학문이라는 지탄을 받고 감옥에 갇히고 말았지만, 자신의 학문이 성인의 가르침에 도움이 될 뿐 해가 되지는 않는다고 자신했다. 처자식 옆에서 맞이하는 평안한 죽음보다 장엄

분서갱유

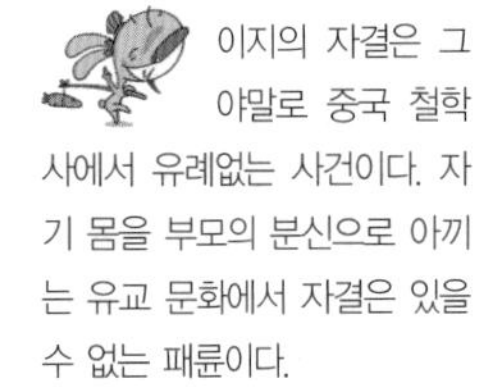

이지의 자결은 그야말로 중국 철학사에서 유례없는 사건이다. 자기 몸을 부모의 분신으로 아끼는 유교 문화에서 자결은 있을 수 없는 패륜이다.

한 죽음이 대장부에게 어울린다고 생각한 이지는 자결을 선택한다. 스스로 죽음을 결정한 그의 행동은 자신을 탄핵하고 비판하는 국가권력이나 지배세력에 대한 저항이자 조롱이었다.

> 하늘이 한 사람을 태어나게 하면 저절로 한 사람의 쓰임이 있으니, 공자에게 도움을 받은 뒤에야 사람의 가치를 갖는 것은 아니다. 반드시 공자를 기다려서 도움을 받아야 사람의 가치를 갖는다면, 아득한 옛날 공자가 없을 때는 끝내 사람됨을 얻을 수 없다는 말인가? 따라서 공자의 학설을 배우려 했기 때문에 맹자는 맹자의 수준에 머물고 말았으니, 바야흐로 그 사내답지 못함을 통탄한다……게다가 공자는 사람들에게 자기를 배우라고 가르친 적 없다.
>
> 《분서》, 〈경중승에게 답함〔答耿中丞〕〉

성리학에서는 공자와 같은 성인의 마음이 이치와 하나이기 때문에 학문을 통해 공자와 같은 이상적인 경지에 도달해야 한다고 본다. 그리고 보편적인 이치와 하나가 되는 공자는 초역사적인 의미의 원천이자 기준으로 작용한다. 하지만 이지는 공자의 도움을 받아야만 사람의 가치를 실현할 수 있다고 보지 않았다. 그가 보기에 공자 역시 제자들이 처한 상황에 맞는 실천 방안을 제시했을 뿐 자신을 무조건 따르라고 하지는 않았다. 각자 자신의 고유한 문제를 주체적으로 해결한다면 굳이 공자의 학설을 배울 필요는 없다. 이런 의미에서 이지는 공자를 배우려 노력한 맹자가 사내답지 못하다고 비판한다. 공자를 절대적인 표준으로 삼아 배우려 한다면 정작 자신의 고유한 삶의 자리가 망각되기 쉽다.

공자를 배우려는 자세는 공자가 판단하는 옳고 그름을 그대로 모방하는 문제를 낳는다. 역사적인 상황이나 조건이 달라져도 공자의 시비 판단을 영원불변의 진리로 삼으면 그대로 모방할 수밖에 없다. 하지만 이지에게 사람은 지극한 활동(至活)의 존재다. 모두 자신의 고유한 자리와 상황에서 자기 나름의 옳고 그름을 주장해야 한다. 그런데도 공자의 발자취를 답습하려 들었기 때문에 맹자는 사내답지 못하다. 고정된 학설이나 죽은 언어로 변화무쌍한 삶을 속박하면 생생한 삶의 주인이 될 수 없는 법이다. 자신의 생동하는 삶에 중심을 두면 외부의 권위로서 주어지는 정형화된 선이 사라진다. 이것이 바로 이지가 말하는 최고의 선이다.

3. 일상생활이 사람의 윤리다

이지는 기존의 학자나 지식인이 갖고 있는 위선을 강하게 비판했다. 이들은 대개 입만 열면 학문과 도덕을 논하지만, 실제로는 자신의 이익을 취하기에 급급하다. 이지가 보기에 세상을 속이고 명성을 도둑질하는 위선적 학자로는 우선 도학자가 해당된다. 그

들은 그럴듯한 명분과 도리를 제시하면서 남에게는 강요하지만 정작 자신은 사적인 이익에 빠지는 경우가 대부분이다. 이지는 일부 양명학자 역시 비판한다. 이들은 왕수인이 강조한 양지에 대한 얕은 지식을 내세워 자칭 성인이라고 떠들고 다니면서 세상을 속이고 이득을 얻었다. 이지는 자신의 일에 전력해 말과 행위가 일치하는 상인이나 농부가 위선적인 지식인보다 낫다고 생각했다.

> 옷을 입고 밥을 먹는 것이 곧 사람의 윤리이며 사물의 이치다. 옷을 입고 밥을 먹는 일을 빼면 사람의 윤리와 사물의 이치는 없다. 세상의 온갖 일은 모두 옷과 밥 같은 종류일 뿐이다. 그러므로 옷과 밥을 거론하면 세상의 온갖 일은 저절로 그 안에 있게 되는 것이지, 온갖 것이 옷과 밥 밖에, 즉 백성과 무관하게 따로 있는 것은 아니다. 학자들은 오직 사람의 윤리와 사물의 이치에서 참된 공〔眞空〕을 인식해야 한다.
>
> 《분서》, 〈등석양에게 답함〔答鄧石陽〕〉

정이는 '굶어 죽는 것은 하찮은 일이지만 절개를 잃어버리는 일은 중요하다'고 말한 적 있다. 이것은 여자가 남편이 죽은 뒤에 재혼해서는 안 된다는 의미로 통용되었다. 이에 반해 이지는 당시로서는 파격적으로 여성의 재혼을 주장한다.

지식인의 위선은 당위적인 명분과 일상생활의 자연스러운 욕구 사이의 괴리에서 발생한다. 그들은 대개 당위적인 명분을 선험적으로 제시해 일상적인 욕구를 통제하거나 부정할 것을 주문한다. 그러나 이지는 삶의 자연스러운 욕구를 부정하는 엄격한 도덕적 명분주의를 비판한다. 옷을 입고 밥을 먹는 일상생활 자체가 사람의 윤리라는 그의 선언은 일상적 욕구의 긍정에 기초한다. 사람의 윤리는 일상의 행위를 초월해서 따로 존재하는 원리가 아니라 일상생활의 자연스러운 움직임 속에 있다. 예를 들어 우리가 열심히 공부하는 이유는 무엇일까. 쉽게 말하면, 잘 먹고 잘 살려는 욕구 때문이다. 이와 같이 이익을 추구하는 사적인 욕구야말로 부정할 수 없는 삶의 원동력이다.

그러므로 이지는 우리가 일상에서 나누는 지극히 통속적인 말〔邇言〕을 중시한다. 예를 들어 '어떻게 하면 많은 돈을 벌까' 하는 통속적인 말을 생각해보자. 이런 생업의 문제는 누구나 좋아하고

이지는 백성의 통속적인 말을 잘 살펴서 정치를 했다고 전해지는 순임금을 매우 중시한다. 만일 순임금처럼 정치권력을 갖고 있다면, 통속적인 말을 잘 살펴서 백성의 욕구를 채워주는 것이 통치의 주요 임무가 될 것이다.

누구나 익히며 누구나 알고 누구나 말한다. 통속적인 말이 담고 있는 이익의 일은 누구의 가르침을 필요로 하지 않는다. 흔히 통속적이라고 하면 비천하고 사사로운 듯이 보이지만 이지는 그런 식의 부정적인 의미로 쓰지 않는다. 일상의 자연스러운 욕구가 반영된 것이 바로 통속적인 말이다. 따라서 통속적인 말을 살펴보면 성인에게도 권력을 좇고 이익을 추구하는 사적인 마음이 있음을 알 수 있다.

한때 삭발을 하고 불교에 심취하기도 한 이지는 불교의 언어와 논리를 빌려 일상적인 가치를 정당화한다. 이지는 우리가 사람의 윤리와 사물의 이치에서 참된 공을 깨달아야 한다고 말한다. 그는

모든 존재의 궁극 실재인 참된 공이 사람의 윤리와 사물의 이치를 규정한다고 생각했다. 이분법을 넘어선 참된 공에는 나도 없고 남도 없으며, 범인(凡人)과 성인의 구별도 없다. 이지에게 본래 마음은 곧 참된 마음이며 참된 마음은 바로 참된 공이다. 이런 공의 논리를 따르면 우리의 몸은 참된 마음에서 유래한 사물의 모습에 불과하며, 자연스러운 욕구는 참된 마음에서 나온다. 이지는 역설적이게도 욕망을 부정하는 불교의 공을 이용해 일상적 삶의 자연스러운 욕구를 긍정하고 참된 마음을 깨달으라고 주문한다.

공자

노자

4. 거짓의 세계에서 동심의 세계로

이지가 제안한 참된 마음은 불교나 유교의 울타리를 넘어선다. 그는 도교, 불교, 유교가 단지 특정한 측면을 강조하는 이름일 뿐, 참다운 실체는 같다고 본다. 곧 공자는 명분의 가르침으로, 붓다는 죽음의 두려움으로, 노자는 영원한 생명으로 사람을 인도한 것은 임기응변의 차이일 뿐이다. 이지의 이런 견해에 따르면 특정한 종교 전통을 이단으로 비판하거나 자기 종교의 독점적인 진리를 주장하기 어렵다. 성인의 마음이 하나라는 믿음을 가진 이지는 사회적으로 구획된 사상의 범주를 뛰어넘어 자유롭게 왕래하고자 했다. 고정된 범주에 속한 유학자나 불교도는 이지의 자유를 못마땅하게 여겼지만 이지는 남들의 시선에 아랑곳하지 않고 참된 마음의 보편성을 끝까지 밀고 나간다.

붓다

동심은 참된 마음이다. 동심을 옳지 않다고 한다면 이는 참된 마음을 옳지 않다고 하는 셈이다. 동심은 거짓 없이 순진한 최초의 본래 마음이다. 동심을 잃어버린다면 곧 참된 마음을 잃어버리는 것이며, 참된 마음을 잃어버린다면 참된 사람도 잃어버리는 것이다. 사람이 참되지 않은 것은 그 처음을 온전히 회복하지 않는 것이다. 어린이는 사람의 처음이고 동심은 마음의 처음이다.

《분서》, 〈동심설(童心說)〉

이지에게는 어린이의 마음인 동심이 참된 마음이다. 원래 참된 마음에는 남도 없고 나도 없는 무차별적인 동일성이 함축되어 있는데, 동심 역시 이러한 성격을 띤다. 전쟁터 같은 일상에서 나이가 들어도 동심을 지니고 있는 사람은 마치 사회에 적응하지 못하는 것처럼 보일 수도 있다. 하지만 이지에게는 순수한 동심을 지니고 있는 사람이야말로 참된 사람이다. 이지는 본질적인 면에서 성인과 범인이 동일하다고 보았지만, 현실적인 면에서는 참된 사람과 거짓된 사람을 구분했다. 누구나 본래 마음을 간직하고 있을 때는 참되지만 그것을 잃어버리면서 거짓된 사람이 된다. 이지에게 본래 마음이자 첫 마음인 동심은 단지 시간상의 처음을 의미하는 것이 아니라 사람을 참되게 하는 궁극적인 근원이다.

우리는 왜 동심을 잃어버릴까? 이지는 감각기관의 견문 경험과 사회적인 규범을 담은 도리가 우리 밖에서 들어와 마음의 주인 노릇을 하기 때문이라고 대답한다. 경험이 쌓이고 도리를 알게 되어 세상 물정에 눈을 뜨게 되면, 우리는 부끄러운 점을 숨기고 잘난 점을 보이고 싶어 한다. 이는 외부에서 들어온 사회적 자의식이 우리의 본래 마음인 동심을 밀어내고 그 자리를 차지한 것이다. 그런데 견문을 넓히고 도리를 알게 하는 핵심 통로는 다름 아닌 독서다. 물론 이지 자신이 평생 독서의 즐거움을 누렸기 때문에 그가 독서 자체를 부정한 것은 아니다. 하지만 동심에 기초하지 않는 대부분의 학자는 독서를 해서 도리를 알

수록 오히려 동심을 잃어버린다. 동심이 가로막히면 그 사람의 말, 정치, 문장 등 모든 활동이 거짓이 된다. 마치 영문도 모르고 따라 짖는 개처럼, 거짓된 사람끼리 거짓된 말로 이야기하며 기뻐하는 것이 동심을 잃은 위선적인 사람의 모습이다.

요컨대 우리가 본래 지니는 동심과 외부의 견문이나 도리는 모순된다. 동심이 보존되면 도리가 행해지지 않고 견문이 행세하지 못해서 천하의 지극한 문장〔至文〕을 지을 수 있다. 이지에게 지극한 문장은 육경이나 《논어》, 《맹자》 같은 경전이 아니다. 그에게 이런 경전은 사관(史官)의 과장, 제자들의 극찬, 기억나는 대로 쓴 제자들의 기록에 불과하다. 간혹 경전이 어리석은 제자의 거짓을 고치는 약으로 쓰일 수도 있지만, 그것은 특정한 조건과 사람에게만 효과가 있을 뿐 영원한 처방전은 아니다. 경전은 단지 도학자들이 자신의 이득을 챙기려 내세운 구실이고 거짓된 사람이 우글거리는 소굴에 불과하다. 이지는 체계와 격식을 갖춘 고전적 문장보다는 자유로운 감성이 표출된 문장을 더 좋아했다. 결국 그의 동심은 외부의 권위나 형식으로 억제되지 않는 진실한 욕구의 마음이라고 할 수 있다.

이지는 형식이 자유로운 시, 단편소설, 과거체 문장, 희곡 등을 지극한 문장으로 떠받들었다. 예를 들어 《수호지(水滸志)》나 《서상기(西廂記)》처럼 통속적인 소설이나 희곡 작품이 여기에 해당한다.

5. 심학의 절정과 파국을 상징하다

이지는 중국 철학사에서 왕수인 심학의 절정과 파국을 동시에 상징하는 사상가다. 마음의 본체에 선도 악도 없다는 양명학 좌파의 흐름을 계승한 이지는 일상의 욕구를 긍정하는 사유의 발전을 보여주었다. 그는 외부 사물에 있는 이치를 부정하는 왕수인의 심학을 발전시켜 학습된 도리를 외부로 여기고 자연적 욕구와 동심을 일치시킨다. 다시 말해 이지를 통해 사적인 욕구가 당당히 본래 마음이나 동심처럼 인간의 본질을 구성하게 된다. 이러한 그의 입장은 윤리적 본성이나 마음을 인간의 본질로 생각하는 신유학의 일반적인 경향과는 괴리가 있다. 특히 성인과 경선을 마음으로 환원하는 심학의 입장을 넘어서 성현을 조롱하거나 경전을 무시하는 그의 어법이나 논리는 사회적인 인정을 얻기 어려웠다.

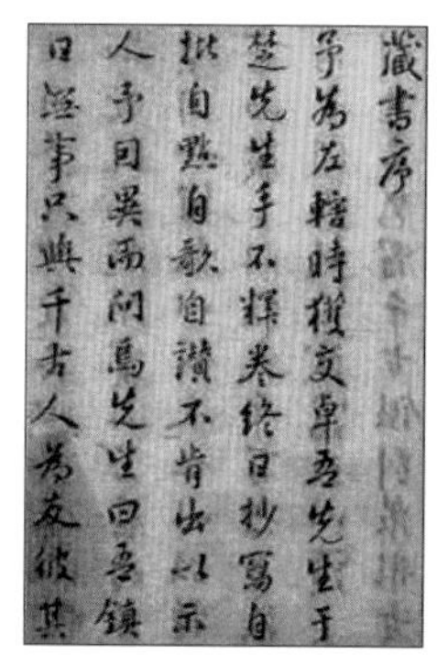

《장서(藏書)》

국가권력과의 충돌 속에서 발생한 이지의 자살은 사실상 심학의 종말을 암시하는 사건이다. 그의 대표작인 《분서》와 《장서》라는 이름이 암시하듯이, 그의 저서는 모두 불태워졌으며 금서 목록에 올라갔다. 특히 명나라가 멸망하고 청나라가 들어서면서 지식인들은 명나라 멸망의 원인을 심학의 폐단에서 찾았는데, 이러한 학문 분위기 속에서 이지는 비난을 받았다. 그러나 청나라가 멸망할 때까지 국가나 학자들이 의도적으로 망각한 이지는 전통 유교를 타도하자는 비판의 흐름이 불거진 현대 중국에서 부활한다. 즉 유교의 봉건 체제를 벗어난 근대 사상의 선구자로 재평가받은 것이다. 시대와의 불화로 불태워졌던 이지의 사상은 오늘날 그 자유로운 비판정신으로 인해 새로운 불꽃을 태우고 있다.

명말 청초의 시기에 황종희(黃宗羲, 1610~1695)는 명대의 유학사라고 할 수 있는 《명유학안(明儒學案)》을 편찬하면서 이지를 배제했고, 고증학의 기틀을 마련한 고염무(顧炎武, 1613~1682)나 기일원론을 부활시킨 왕부지(王夫之) 역시 이지를 비판했다.

이지가 들려주는 이야기

사람들이 공통으로 지니고 있는 것이 예가 되며, 나 홀로 갖고 있는 것은 자기가 된다. 학자는 대부분 자기만의 고정된 견해에 집착해 세속과 크게 동화할 수 없기 때문에 예가 아닌 자리에 들어가게 된다. 예가 아닌 예절은 대인이 하지 않으니, 진정한 자기는 자기가 없으니 자기가 생기면 곧 극복한다.

《분서》, 〈사물설(四勿說)〉

人所同者爲禮, 我所獨者爲己. 學者多執一己定見, 而不能大同於俗, 是以入於非禮也. 非禮之禮, 大人勿爲, 眞己無己, 有己卽克.

한자 풀이

同(동) : 같이하다

者(자) : ~것

爲(위) : 되다

多(다) : 거의, 대부분

執(집) : 잡다, 집착하다

定見(정견) : 고정된 견해

不能(불능) : ~할 수 없다

俗(속) : 세속

是以(시이) : 이 때문에, 그러므로

勿(물) : 말라, ~하지 않는다

克(극) : 극복하다

깊이 읽기

이지는 공자가 제자인 안회에게 제시한 네 가지 금지〔四勿〕, 곧 예가 아니면 보지도 듣지도 말하지도 움직이지도 마라는 가르침을 자신의 입장에서 풀이했다. 이지에게 예는 사회적으로 규정된 외적 규범이 아니라 사람의 마음에서 우러나온 것이다. 예는 일부러 배우고 생각해서 알려 하지 않아도 선천적으로 저절로 갖춰진 것이며, 언어와 사유의 길이 끊어진 곳에 있는 변화무쌍하고 생생한〔活潑潑〕 이치다. 그런데 도학자들이 그토록 중시하는 증자(曾子), 맹자, 주돈이, 정호, 정이 등은 이런 경지에 들지 못한다. 이지는 맹자 이후 단절된 진리의 계보〔道統〕를 계승했다고 주장하는 도학자들의 자부심이 별 근거가 없다고 비판한다. 독선적인 자기 견해에 집착하는 학자들은 초월적인 이치를 예와 동일시해 세속의 진실한 욕구의 마음과 하나가 되지 못한다. 이지에게 예는 누구나 갖고 있는 진실한 마음에 근원을 두므로 보편적이며, 여기에는 고정된 자기나 견해가 들어설 수 없다. 진정한 자기는 독선적인 자기를 부정하는 데서 생기기 때문이다.

더 읽어볼 만한 책

신용철, 《이탁오》(지식산업사, 2006)

한국의 학계에서 이지 연구의 선구자라고 할 수 있는 저자가 오랜 기간의 연구를 통해 이지의 생애와 사상을 정리한 책이다. 저자는 이지의 삶의 여정, 유교를 비판한 저술 활동, 지적인 교류, 새로운 역사관, 진보적 여성관 등을 조망하고 열정의 자유인으로서 이지를 그리고 있다. 또한 이 책에는 이지의 삶의 흔적을 느낄 수 있는 각종 사진과 자료가 갖춰져 있다. 이지의 학문과 삶을 이해하는 데 반드시 필요한 책이다.

이지, 《분서》, 김혜경 옮김(한길사, 2004)

이지의 가장 중요한 저서이자 '태워버리라'는 역설적인 의미를 담고 있는 《분서》의 완역본이다. 《분서》는 지인들과의 서신, 역사관, 독서평 등 다양한 내용으로 구성되어 있으며, 특히 그의 대표적인 사상을 표현한 〈동심설〉이 포함되어 있다. 이 번역서는 주석을 상세히 달아서 이지의 사상에 대한 전문적인 이해를 돕고 있다. 이지의 생생한 목소리를 듣고 싶은 사람들에게 꼭 권하고 싶은 책이다.

왕부지—
기는 변화이고 본성은 생성이다

1. 다시 기일원론으로

왕부지(1619~1692)는 호남성 형양 출신으로 자는 이농(而農)이다. 그는 말년에 형양의 석선산에 숨어 살았는데, 이를 계기로 선산 선생이라 불린다.

왕부지는 명나라가 멸망하고 청나라가 세워지는 격동의 세월을 살았다. 각종 반란이 발생해 국내적으로 흔들리던 명나라는 만주족인 청나라의 침입으로 결국 멸망하고 만다. 강한 한족(漢族) 의식으로 이민족의 지배에 맞서 저항하기도 했던 왕부지는 국가를 잃은 외로운 신하의 비분(悲憤)을 가슴에 품은 채 숨어 살았다. 자신의 나라가 망하면 그 원인을 찾아 학문적으로 고민하는 것이 지식인의 자연스러운 의무이듯이 왕부지 역시 학문에 매진했다. 특히 말년에는 석선산에 상서초당을 세우고 그곳에서 죽을 때까지 17년간을 보냈다. 대표적인 저서로는《주역외전(周易外傳)》,《독사서대전설(讀四書大全說)》,《장자정몽주(張子正蒙注)》,《주역내전(周易內傳)》 등이 있다. 그가 직접 쓴 묘비명에는 "다행히 이 묘지에

온전한 모습으로 묻히지만, 진실로 근심을 품고 세상을 떠난다"고 씌어 있다.

왕부지는 송대 신유학의 장재를 계승하여 기일원론을 부활시켜 세계의 변화에 능동적으로 대처하는 사대부의 책임의식을 철학적으로 뒷받침한다. 그는 자신의 일생을 회고하면서 자신이 장재의 올바른 학문〔正學〕을 흠모했지만 능력이 미치지 못했다고 고백한다. 장재를 닮으려던 그의 사유 체계를 뒷받침하는 핵심적인 유교 경전은 바로 우주와 세계의 변화를 설명하는 《주역》이다. 따라서 《주역》의 형이상학은 왕부지가 장재의 학문을 계승해 자신의 세계관을 구성하는 데 핵심적인 역할을 한다. 그는 기일원론의 관점에서 《주역》을 풀이하고 기존의 학문을 비판적으로 평가함으로써 자신의 고유한 사유 체계를 구축한다. 특히 그는 자기의 마음이라는 내면의 세계에 윤리적 가치의 근거를 찾는 왕수인의 심학을 비판하고, 우주론적 맥락에서 객관적인 원리와 경험적 현실을 강조하는 새로운 철학을 모색했다.

왕부지

2. 변화의 기, 생성의 본성

왕부지는 왕수인의 심학에 대한 비판과 극복을 자기 학문의 지향점으로 삼았다. 그가 보기에 모든 것을 자신의 마음으로 환원하는 심학의 내면주의는 '겉으로는 유교, 속으로는 불교[陽儒陰釋]'에 불과했다. 자신의 마음에 대한 절대적인 신념으로 모든 가치 규범을 상대화할 수 있는 심학의 극단은 독선적이고 자의적인 행동을 정당화할 수 있었다. 또한 정이와 주희로 이어지는 정통 성리학은 이치와 기를 구분함으로써 본질과 현상의 괴리라는 문제점을 노출한다. 이러한 폐해를 극복하기 위해서 왕부지는 장재의 기일원론과 《주역》의 논리를 통합한다. 그는 공자와 맹자의 뜻을 계승한 장재의 학문이 《주역》 아닌 바가 없으며, 유교의 다른 경전도 《주역》에 포괄된다고 보았다. 《주역》 자체가 세계의 생성과 변화를 통일적으로 설명하는 우주론을 담고 있듯, 왕부지는 무한한 생성과 변화를 일으키는 보편적 근원에 관심을 갖는다. 왕부지의 사유 구조는 《주역》의 다음 구절에 대한 해석을 통해 알아볼 수 있다.

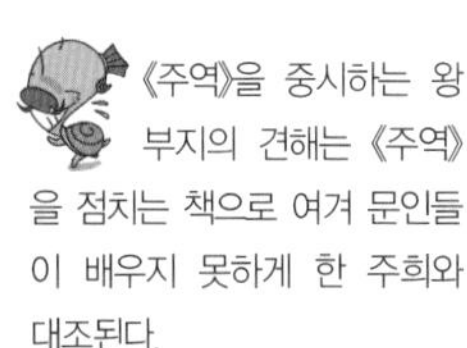
《주역》을 중시하는 왕부지의 견해는 《주역》을 점치는 책으로 여겨 문인들이 배우지 못하게 한 주희와 대조된다.

한 번은 음이 되고 한 번은 양이 되는 상호작용을 도라고 한다. 계승은 선이고 형성은 본성이다.

《주역》, 〈계사전(繫辭傳)〉

《주역》에서는 음과 양이라는 대립과 공존의 근원적인 원리에 의해 이뤄지는 세계의 변화 과정을 도와 동일시한다. 반면 정이나 주희는 음과 양의 변화 자체가 아니라 그러한 변화를 일으키는 초월적인 근거로 도를 규정한다. 즉 음과 양이라는 기의 영역을 넘어선 이치를 전제하고 있다. 《주역》에는 '태극이 음과 양을 낳는다'는 구절이 있는데, 주희는 만물을 생성하는 보편적인 근원인 태극을 도와 상통하는 이치로 풀이한다. 그리고 이러한 형이상학적 본체로서의 이치가 개체 안에 내재하면 그것이 본성이다. 주희가 생각하는 본성은 그 자체로 완전하고 순수하게 선하며 기의 세계를 규제할 수 있는 잠재적 가능성을 갖는다.

하지만 왕부지는 음과 양의 의존적인 상호작용〔待對〕을 초월한 도나 이치를 부정한다. 만물의 근원이 되는 태극이나 하늘은 모두 기다. 왕부지에게 이치나 도는 기의 조화가 현실화되는 과정에서 성립하기 때문이다. 다시 말해 이치는 하늘 자체가 아니라 기인 하늘이 일으키는 조화에 내재되어 있는 올바른 길이다. 이치와 도는 하늘의 조화에서 발생하는 것이며 하늘의 조화는 바로 기인 하늘에서 발생한다. 따라서 기를 벗어나서 따로 독립적인 이치는 없으며 이치는 기의 이치일 뿐이다. 결국 음과 양의 본체가 되는 기, 곧 하늘이나 태극 자체는 조화의 근거이자 주체이지 조화가 아니며,

조화의 적절한 패턴이 바로 도나 이치가 되는 셈이다.

왕부지는 하늘이 아니라 사람의 본성에 대해서 이치라는 명칭을 허용한다. 한 번은 음이 되고 한 번은 양이 되는 도는 우리와 무관한 하늘의 일이다. 우주론적인 운동과 조화가 사람과 연관을 맺는 것은 '계승'에 의해서다. 계승은 우선 음과 양의 기가 맑게 소통하며 이어가는 선(善)이며, 동시에 하늘과 사람이 관계할 때 하늘의 명령이 사람에게 유행(流行)하는 것을 의미한다. 그리고 '형성'인 본성은 형체를 이룬 사람에게 우주의 도가 내재된 것을 말한다. 기의 헤아리기 어려운 변화의 신묘함이 음과 양 두 기가 맑게 소통하

는 이치를 형성하고, 이것이 우리 사람에게 내재하여 본성이 된 것이다. 그래서 왕부지는 음과 양의 도가 선을 낳고, 하늘과 인간의 이어지는 선이 개체의 본성을 낳는다고 말한다.

하늘의 도가 우리의 본성으로 내재할 때, 그러한 본성은 '성실〔誠〕'로 규정된다. 하늘의 도는 쉼 없이 변화하고 생성한다. 따라서 이러한 하늘의 도가 그대로 응축되어 개체에 내재하는 본성 역시 성실이라 말할 수 있다. 왕부지는 본성이 우리가 태어날 때만 부여받는 것이 아니라 말한다. 다시 말해 그는 음과 양의 상호작용으로 무한한 변화와 생성을 이루는 기가 매일 생겨나듯이 본성도 매일 생겨나서 매일 이뤄진다고 보았다. 이런 의미에서 본성은 생성의 이치라고 할 수 있다. 본성을 성실과 생성으로 설명하는 왕부지의 논법은 구체적인 삶의 현실에서 작동하는 역동적인 기의 세계를 설명한다.

왕부지 역시 본성이 곧 이치라는 성즉리(性卽理)의 명제를 인정한다. 하지만 주희의 성리학에서 말하는 이치와 달리 그가 말하는 이치는 기를 초월하는 것이 아니라 기 자체의 내재적인 법칙이다. 더욱이 본성 자체를 절대선으로 생각하는 주희와 달리, 왕부지는 본성은 음과 양의 계승인 선에서 발생한다고 보아 존재의 위계를 구분하고 있다.

3. 마음은 하나의 이치가 아니다

> 만일 '마음은 하나의 이치'라고 생각한다면 장차 이단에 빠져들면서도 스스로 알지 못하는 병폐가 있을 것이다.
>
> 《독사서대전설》, 〈맹자(孟子)〉

왕부지는 마음을 본성과 지각의 결합으로 보는 장재, 모든 이치를 갖추고 모든 일에 대응하는 존재로 마음을 해석하는 주희의 입장을 계승한다. 그는 우선 마음의 본체인 양지에 선도 악도 없다고 주장하는 왕수인과 달리 본성을 양지와 연관 지어 선하다고 주장한다. 곧 어질고 의로운 양지가 바로 사람의 본성이며, 어질고 의로운 마음은 맑고 밝은 기에서 생산된다. 따라서 왕부지에게 마음은 본성이 의탁하고 지각이 드러나는 곳이다. 다시 말해 그는 본성이 마음에 의탁하므로 마음은 모든 이치를 갖추며, 지각이 마음에서 드러나므로 마음은 모든 일에 대응한다고 본다. 따라서 마음과 이치를 곧바로 동일시할 수는 없다. 만약 마음을 하나의 이치라고 보면, 왕수인의 경우처럼 '마음 밖에 이치는 없다〔心外無理〕' 고 하거나 '이치 밖에 마음은 없다〔理外無心〕' 고 말하게 될 것이다. 왕부지는 이 두 경우를 가정하고 각각의 문제점을 지적한다.

왕부지는 우선 마음 밖에 이치가 없다고 보는 입장이 이치를 주관적인 환상으로 여기는 불교의 유심설(唯心說)과 동일하다고 비판한다. 그가 이해하는 유심설은 마음에서 독립해 있는 객관적인 이치를 부정한다. 이러한 유심설에 대해 왕부지는 자식이 없어서 자식을 사랑하는 마음이 생기지 않더라도 자식을 사랑하는 이치까지 부정해서는 안 된다고 주장한다. 비록 자식을 사랑하는 마음이 일어나지 않더라도 그 이치는 본성에 잠재해 있기 때문이다. 이처럼 왕부지는 마음 밖에 이치는 없다는 심학의 명제를 이치의 객관적 실재

법을 설하는 붓다

성과 연관 지어 비판한다.

한편 이치 밖에 마음이 없다는 명제는 마음의 위상과 관련되는 문제다. 왕부지는 이치 밖에 마음이 없다면, 사람의 허물이나 잘못을 설명하기 어렵다고 비판한다. 그는《상서》에서 순임금이 "인심은 위태롭고 도심은 희미하다"고 한 말을 인용하여 자신의 논지를 뒷받침한다. 왕부지는 본성이 도심이며 지각은 인심이라고 분류한다. 본성으로서의 도심은 윤리적 마음의 발현이기 때문에 당연히 이치와 동일시된다. 하지만 본성을 벗어난 마음을 이치라고 할 수는 없다. 다시 말해 인심이 악에 빠질 수 있어 위태롭다는 명제를 받아들이면 이치 밖에 마음이 없다고 말할 수는 없다. 이러한 논리에서 보듯이 왕부지는 현상적으로 경험하는 부조리한 마음을 근거로 양명학을 비판했다.

성리학에서는 본성을 도심의 존재론적 근거로 보지만, 왕부지는 본성과 지각을 합한 것을 마음으로 보는 장재의 입장에 기초해 본성이 도심이며 지각은 인심이라고 분류한다.

마음과 이치를 동일하게 보지 않는 왕부지는 이치를 탐구하고 실현하는 길로 격물의 공부를 제시한다. 왕수인에게 격물은 자기 의지가 있는 곳을 바로잡는 공부로서 내향적인 의미를 지녔다. 이에 비해 왕부지는 주희처럼 마음 밖에 있는 객관적인 사물의 존재를 긍정하고 그 사물에 내재한 이치를 궁구하려 한다. 그렇지만 사물에서 이치를 궁구하는 격물궁리의 공부는 우리의 마음과 완전히 무관한 객관적 이치를 궁구하는 자연적 인식이 아니다. 그에게 격물은 자신의 본성을 깨닫는 '지성(知性)'의 공부이기 때문이다. 사물의 이치를 궁구하여 이르는 활연관통의 체험은 단지 외부의 사물에서만 이치를 깨닫는 것이 아니라, 우리 마음이 본래 갖고 있는 역량을 실현하는 것이다. 왕부지는 객관적인 사물의 이치를 궁구하여 자기 본성을 깨달아야만 마음이 갖고 있는 신묘한 역량이 다 실현될 수 있다고 보았다. 이러한 신묘한 역량을 보존하여 선과 악의 갈림길을 파악하면, 사물에 휘둘리지〔物化〕 않고 사물을 주체적으로 부릴 수 있는〔化物〕 주체성을 확보할 수 있는 것이다.

4. 역사는 형세와 이치다

왕부지는 우주와 세계의 생성과 변화의 원리를 규명하고, 주관적인 마음을 벗어나 사물의 이치와 윤리를 추구하는 새로운 체계를 구성했다. 하지만 그의 형이상학이나 심성론은 사변적인 관심보다는 역사적 책임의식과 관련된다. 이민족인 청나라 정권이 들어서는 역사적 격변기를 겪으면서 그는 역사의 발전과 변화의 원칙을 찾고자 노력한다. 일찍이 정이는 때를 알고 형세를 인식〔知時識勢〕하는 것이 《주역》을 배우는 핵심적인 방법이라고 말했다. 국가를 잃은 외로운 신하라는 자의식을 가지고 숨어 산 왕부지 역시 《주역》에 기초해서 '형세〔勢〕'를 강조하는 새로운 역사 이론을 모색한다.

> 형세는 일이 일어나는 근원이며 일은 형세가 만든다. 그러므로 일을 떠나서 이치는 없으며 이치를 떠나서 형세는 없다.
>
> 《상서인의(尙書引義)》

왕부지에게 역사의 구체적인 사건을 만드는 형세는 주관적인 의지나 소망을 넘어서는 필연적인 추세다. 그리고 역사의 필연적인 형세는 시대적인 정당성이나 가치를 담고 있다. 역사는 선험적인 이치나 경험적인 힘의 형세만으로 이뤄지지 않는다. 기의 세계인 역사는 이치와 형세의 상호작용으로 이뤄진다. 아무리 혼란스럽고 무질서한 세계라 해도 그 안에는 이치가 담겨 있고, 아무리 번영하고 평화로운 시대라 해도 그 안에는 현실의 힘이 만드는 형세가 작용한다. 이치가 없는 형세는 맹목이고 형세가 없는 이치는 공허하다. 만일 이치를 얻으면 자연히 형세를 이루고, 형세를 잘 좇으면 이치에 순응하는 법이다. 역사적 사건을 규정하는 형세와 이

치의 상호 관계는 이치와 기가 서로 분리되지 않는다는 존재론적 연관성에 기초한다. 이치를 따라 형세를 얻든 형체를 좇아 이치를 따르든 이치와 형세의 결합이 역사의 진면목이다. 물론 기의 근원적 실재성을 강조하는 왕부지는 이치라는 시대적 의미보다는 형세라는 필연적 추세를 더 중시한다.

객관적이고 필연적인 형세 속에서 이치를 읽으려는 왕부지의 태도는 까마득한 고대의 제도를 이상적인 전범으로 동경하는 상고주의(尙古主義)와 대비된다. 그는 유교적 가치의 보편성을 완전히 부정하지 않으면서도 제도 변천의 불가피성을 인정한다. 그는 제후의 봉건제 대신 관료 중심의 군현제를 실시한 것이 역사의 필연이라고 평가한다. 다시 말해 그는 진나라의 군현제 실시가 천하를 사적으로 소유하려는 의도에서 이루어졌지만 하늘은 그 사사로움을 빌려 위대한 공정함을 실현했다고 진단한다. 왕부지는 역사적 인물의 개인적인 윤리나 의지를 떠나서 진행되는 역사의 필연적 변화를 강조한 것이다. 기가 변화하고 생성하듯 역사도 변화하고 생성한다. 기가 자체의 자발적인 조절 능력으로 변화와 생성을 성취하듯이, 역사도 자체의 모순과 한계를 스스로 진단하고 극복하는 역량을 갖추고 필연적인 형세의 변화를 갖는다.

상고주의(尙古主義)에서는 고대의 성인이 만든 제도나 경전이 영원불변의 가치를 갖는다고 본다. 따라서 시대적 조건이 변해도 지금 현실의 정당한 의미는 고대의 성인이나 경전을 통해서 파악할 수 있다고 본다.

중국 고대의 주나라는 임금이 다스리는 지역 이외에 제후를 세워서 자체적으로 통치하게 했는데 이것이 봉건 제도다. 진시황은 지방에 중앙의 관리를 직접 파견하여 중앙집권적인 통치를 확대했는데 이것이 군현제다. 신유학의 전통에서는 대개 봉건 제도를 이상적인 통치 체제로 생각해 왔다.

5. 현대 중국에서 부활하다

왕부지는 기를 본체로 삼는 장재의 기일원론 전통을 계승해서

마오쩌둥

우주론과 심성론, 윤리학과 역사가 일관하는 거대한 사유 체계를 제시했다. 이러한 체계의 구성은 명대에 유행한 심학과 체제의 학문인 주희의 성리학에 대한 비판적 숙고의 결과다. 그는 심학이 마음 밖에 있는 객관적인 사태와 존재를 부정하는 병폐를 갖고 있으며, 성리학은 이치가 기를 초월하여 설정되는 문제가 있다고 보았다. 이런 문제의식에서 그는 장재의 기일원론을 다시 부활시켜 변화와 생성의 역동적인 우주, 마음으로 환원되지 않는 객관적인 이치, 형세와 이치의 결합으로서의 역사를 구성한 것이다.

이 세 명은 모두 멸망한 명나라에 대한 의리로 청나라의 벼슬길에 나아가지 않고 학문에 전념하였다. 황종희는 전제군주제에 대한 비판적 안목을 보여주는 《명이대방록(明夷待訪錄)》, 명대의 유학 사상사를 정리한 《명유학안》을 남겼으며, 고염무는 경학과 역사학을 중시하고 실증의 정신을 강조했으며 각 분야를 포괄하는 《일지록(日知錄)》를 저술했다.

현재 왕부지는 황종희, 고염무(顧炎武)와 함께 명말 청초의 대표적인 사상가로 평가받는다. 하지만 생존 당시 삶의 대부분을 은둔하면서 저술 활동에 매진한 그는 당대 사회에서 거의 영향력을 행사하지 못했다. 더욱이 이민족에 적대적이던 그의 저술은 만주족의 청나라 치하에서 오랜 시간 동안 간행되지 못하다가, 그가 죽은 후 200여 년이 지난 청나라 말기에야 비로소 그 전모가 드러나게 되었다. 하지만 왕부지의 역동적인 기일원론적 세계관은 세계의 본질을 기로 파악하는 청나라 말기의 사상가 담사동(譚嗣同)이 계승했으며, 공산주의 사상가이자 혁명가인 마오쩌둥에게도 큰 영향을 준다. 현대 공산주의 정권이 들어선 이후 왕부지의 기철학은 장재의 철학과 마찬가지로 유물론과 변증법의 전통적인 형태로 주목을 받아 중시되고 있다. 즉 그는 불교나 성리학의 관념론에 대립하는 유물론의 최고봉으로서 부활한 것이다.

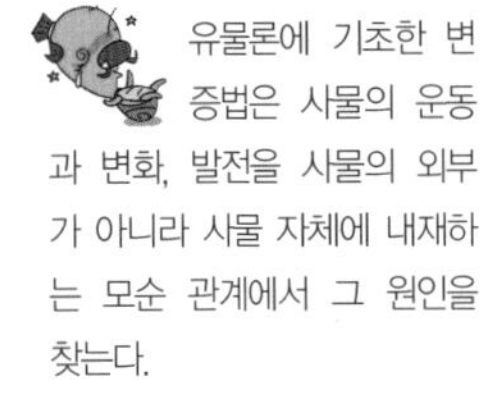

유물론에 기초한 변증법은 사물의 운동과 변화, 발전을 사물의 외부가 아니라 사물 자체에 내재하는 모순 관계에서 그 원인을 찾는다.

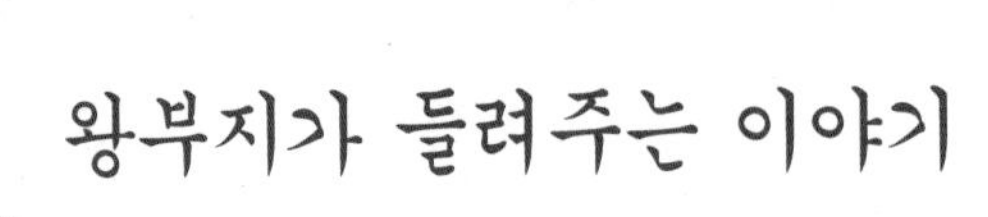

왕부지가 들려주는 이야기

세계는 오직 기(器)일 뿐이다. 도는 기의 도이지만 기는 도의 기라고 말해서는 안 된다. 사람들은 그 도가 없으면 그 기가 없다고 말할 수 있다. 그렇지만 진실로 그 기가 있다면 어찌 도가 없을까 걱정하겠는가……그 기가 없으면 그 도가 없다고 말할 수 있는 사람은 거의 없지만 진실로 그러하다.

《주역외전》

天下惟器而已矣. 道者, 器之道, 器者, 不可謂之道之器也. 無其道, 則無其器, 人類能言之. 雖然, 苟有其器矣, 豈患無道哉……無其器, 則無其道, 人鮮能言之, 而固其誠然者也.

한자 풀이

惟(유) : 오직

器(기) : 그릇

而已矣(이이의) : ~뿐이다

人類(인류) : 사람

苟(구) : 진실로, 만약

豈(기)~哉(재) : 어찌 ~하겠는가

患(환) : 걱정하다

鮮(선) : 드물다

깊이 읽기

왕부지는 우주와 세계를 포괄하는 기의 형이상학을 구축했는데, 이는 구체적인 현실을 중시하는 입장으로 연결된다. "형이상(形而上)은 도(道)라 하고 형이하(形而下)는 기라고 한다"는 《주역》 〈계사전〉의 구절에 의하면, 기는 형체를 가진 구체적인 존재가 된다. 그리고 도는 구체적인 존재에 내재하는 원리나 법칙이 된다. 원칙적으로 보면 이치와 기가 상호 연관되듯이 도가 없으면 기도 없고 기가 없으면 도 역시 없다. 그런데 왕부지는 구체적인 개체의 고유성을 특히 강조한다. 그래서 그는 기의 도라고 말해야지 도의 기라고 말해서는 안 된다고 주장한다. 만일 도의 기라고 말하면, 그것은 개체적 사물이 있기 전에 초월적으로 존재하는 법칙으로서 도를 인정하는 꼴이다. 특정한 시대와 사물에만 해당하는 도는 그러한 시대와 사물이 전제되어야만 의미를 갖는다. 예를 들어 자동차라는 기가 없다면 자동차를 운전하는 도는 있을 수 없다. 왕부지는 우주 전체의 차원에서 일어나는 도의 작용을 인정하면서도 구체적인 사물의 현실에서 파악하는 고유한 도를 중시했다.

더 읽어볼 만한 책

왕부지, 《왕부지, 대학을 논하다》, 왕부지사상연구회 옮김(소나무, 2005)

왕부지의 사상을 깊이 있게 연구하려는 학자들이 모여 《독사서대전설》에 있는 〈대학〉 부분을 옮기고 풀이한 책이다. 왕부지의 《독사서대전설》은 주희가 확립한 사서

해석 체제에 대한 비판적 독서의 결과물이다. 그 가운데 〈대학〉은 주희의 성리학뿐 아니라 왕수인의 심학과 관련해서도 중요한 의미를 갖는다. 왕부지의 중요한 원전이 전혀 번역되지 않은 우리나라의 학계에서 이 책은 왕부지를 이해하는 데 큰 힘이 될 것이다.

이규성, 《생성의 철학 왕선산》(이화여자대학교출판부, 2001)

왕부지의 철학을 생성이라는 범주를 중심으로 체계적으로 분석한 연구서다. 왕부지 철학의 근본 구조와 역사성, 학문적 전승 관계, 생성과 내재의 세계, 인간의 생성과 구조 등 왕부지의 사유 체계 전반을 포괄하고 있다. 특히 형이상학적 논의에 대한 구조적 이해와 더불어 사회적 삶의 양식이 관념 형성에 미치는 효과에 주목하는 지식사회학적 방법을 활용했다. 깊이 있는 왕부지 이해를 위해서 반드시 읽어볼 필요가 있다.

대진—나의 욕구에 기초해서 남의 욕구를 실현하라

1. 고증학을 완성하고 신유학을 비판하다

대진(戴震, 1724~1777)은 자가 동원(東原)이며 안휘성 휴녕현 출신이다.

대진은 청대 고증학의 대표학자이자 신유학의 비판자다. 그는 고증학으로 유명한 안휘성 출신으로 고문자의 엄격한 고증과 훈고, 해박한 지식의 축적을 통해 고증학적 경학의 완성자가 되었다. 특히 그가 살던 청나라 건륭제(乾隆帝) 시기는 대규모 학술 사업이 활발했기 때문에 수많은 문헌을 분류하고 정비하는 데 고증학이 큰 역할을 한다. 대진 역시 찬수관(纂修官)의 지위로 《사고전서(四庫全書)》 편찬 작업에 참여하기도 했다. 그에게 고증학은 단지 문헌 자체에 대한 지식을 위한 것이 아니라 육경이나 《논어》, 《맹자》에 담겨 있는 성인의 도를 알기 위한 징검다리였다. 대진은 경전의 뜻을 잘못 이해하면 그 잘못된 말이 마음에 옮겨지고, 결국 그러한 마음에서 나오는 정치나 사업이 잘못되어 국가에 화를 초래한다

청나라 건륭제(乾隆帝)

청대 고증학파는 크게 강소성 지역의 오파(吳派)와 안휘성 지역의 환파(皖派)로 나뉘는데, 오파에서는 혜동(惠棟)이 환파에서는 대진이 대표적이다.

고 보았다.

대진은 송대의 신유학이 도교와 불교의 극복을 내세웠지만 실제로는 기본적인 사유 구조를 그대로 답습했다고 비판했다. 특히 신유학이 절대시하는 이치라는 개념은 흔히 권력층이 아랫사람을 억압하거나 삶의 근원적인 욕구를 부정하는 데 쓰이면서 많은 폐단을 가져왔다. 이러한 폐단을 시정하기 위해 대진은 삶의 자연스러운 욕구를 긍정하는 새로운 윤리를 모색했다. 그 결과 그는 삶의 욕구를 부정하는 이치의 절대적 초월성을 비판하고 장재의 기일원론을 존중하면서 일원론적 본성관을 제시한다. 그의 사상을 엿볼 수 있는 저술로는 《원선(原善)》과 《맹자자의소증(孟子字義疏證)》이 있다. 특히 《맹자》에 나오는 글자를 분석하는 방식으로 신유학을 비판한 《맹자자의소증》은 대진 사상의 결정체가 담긴 저작이다.

2. 이치는 초월적인 사물도 주관적인 의견도 아니다

경전과 문헌에 대한 해박한 지식과 엄밀한 고증 실력을 갖춘 대진은 기존의 신유학에 담겨 있는 이질적인 요소들을 가려내어 비판한다. 그가 보기에 기존의 유학은 이단의 언어로 물들어 있었다. 그래서 그는 고증학의 방법론을 활용하여 이단의 언어와 사유를 분별해서 배척한다. 사상의 역사를 보면, 주희 등의 송나라 유학자[宋儒]들은 대개 도교나 불교의 사유에 빠지거나 경도되는 경험을 한 뒤에 유교로 돌아오는 경우가 많았다. 그러므로 그들이 도교와 불교의 도전을 극복하고 유학을 재건한 신유학 속에는 도교나 불교의 요소가 담겨 있었다. 대진은 경전의 본래 의미를 정확하게 파악하려는 고증학의 정신으로 바로 이러한 점을 비판한다. 그가 보기에 송나라 유학자의 사유에 있는 이질적인 요소의 근원은 바로 '이치'라는 핵심 개념과 연관되어 있다.

건륭제의 칙령에 따라 경(經), 사(史), 자(子), 집(集)의 4부로 선진(先秦) 때부터 청나라 초기까지의 모든 문헌을 분류하여 모아놓은 총서(叢書)다. 《사고전서(四庫全書)》의 편찬은 모든 서적을 발굴하고 정리하는 거대한 학술 작업이기 때문에 수많은 학자가 참여했으며, 그 과정에서 청나라의 통치 이념에 부합되지 않는 수많은 서적이 불태워지기도 했다.

유교에서 이단(異端)은 맹자가 배척한 위아설(爲我說)의 양주(楊朱)나 겸애설(兼愛說)의 묵적(墨翟), 그리고 도교와 불교 등 정통 유학과 다른 사유를 말한다.

> 육경과 공자, 맹자의 말씀에서 전기(傳記)와 여러 서적에 이르기까지 이치라는 글자는 별로 보이지 않는다. 그런데 지금은 비록 도리에 어긋나고 방자한 매우 어리석은 사람도 하나의 일을 처리하거나 남을 꾸짖을 때 이치를 들먹이지 않는 경우가 없다. 이것은 송나라 때부터 시작하여 습관이

된 풍속으로, 이치를 '마치 사물이 있어서 하늘로부터 얻어 마음에 갖추고 있는 것'으로 여겨서 마음의 주관적인 의견을 이치에 갖다 붙인 셈이다.

《맹자자의소증 상》, 〈리(理)〉

누구나 자신의 견해가 정당하다고 생각하기 마련인데, 대진의 시절에는 사람들이 자기중심적인 주관적 의견을 바로 이치라고 부르면서 사사건건 들먹이곤 했다. 대진은 이러한 잘못된 풍조가 바로 송나라 유학자들이 이치를 형이상학적인 실체처럼 여기는 데 있다고 판단한다. 그의 논리에 의하면, 신유학에서 이치는 음과 양의 기화를 초월하는 세계의 근원으로서 그 자체가 완전하고 자족적이다. 그런데 완전하고 자족적인 이치라는 관념은 도교의 참된 주재자〔眞宰〕나 불교의 참된 공〔眞空〕의 변형에 불과하다. 대진은 본성을 이치와 동일시하는 정이와 주희의 성리학뿐 아니라 마음을 이치로 보는 육구연과 왕수인 역시 도교와 불교의 논리에 물들어 있다고 진단한다. 이치와 기를 별개의 두 근원으로 보는 신유학의 입장은 하늘이 부여한 완전한 이치를 떠받들면서 기의 신체적 조건을 외면한다. 이러한 자세는 삶의 욕구와 현실을 억압하는 방향으로 이어진다.

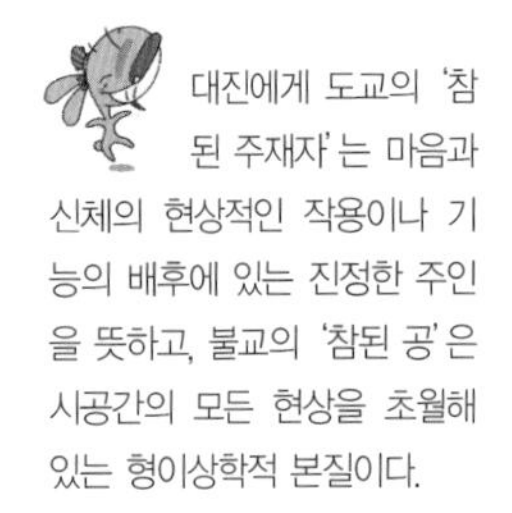

대진에게 도교의 '참된 주재자'는 마음과 신체의 현상적인 작용이나 기능의 배후에 있는 진정한 주인을 뜻하고, 불교의 '참된 공'은 시공간의 모든 현상을 초월해 있는 형이상학적 본질이다.

대진은 마음이라는 주관 속에 이치가 내재해 있다고 보지 않았다. 신유학의 심성론에서 중요한 위치를 차지하는 맹자는 이렇게 말한 바 있다. "누구의 마음이나 동일하게 그렇다고 여기는 것은 무엇인가? 이치라고 한다."(《맹자》, 〈고자(告子)〉) 이 명제는 언뜻 마음과 이치를 동일하게 여기는 것처럼 보인다. 하지만 대진은 마음을 개별적인 사물이나 상황에 적합한 이치를 구별할 수 있는 역량을 갖고 있다는 의미로 풀이한다. 이러한 해석은 마음이 이치를 본성의 형태로 갖추고 있다고 보는 주희나 마음이 곧 이치이며 개별적인 이치를 생산할 수 있다고 믿는 왕수인과 대비된다. 이치는 외부의 사물을 초월해 있는 것도 아니며 사람의 마음에 내재하는 것도 아니기 때문이다. 대진에게 마음은 구체적인 사태에 적합한 객관적인 이치를 접할 때 사유를 통해 그것을 분별하고 좋아할 수 있을 뿐이다.

그렇다면 마음과 구분되는 이치는 무엇일까? 대진에 따르면 이

치는 무언가를 다른 것과 구별해주는 결이며 이런 의미에서 분리(分理)이다. 구체적인 사물의 형질을 예로 들면, 가죽결〔肌理〕, 살결〔腠理〕, 무늬결〔文理〕 같은 용어에 이치라는 말이 사용된다. 그리고 구분을 얻어 어지럽지 않은 가닥이 생기면 그것이 바로 조리(條理)다. 이러한 이치는 당연히 어떤 개별적인 사물이나 구체적인 사태를 전제해서만 사용될 수 있다. 따라서 사람의 경우 이치는 신체적인 기질이나 조건을 떠날 수 없다. 다시 말해 기의 세계를 초월해서 이치 자체로 존재하거나, 이치가 기의 세계를 창출할 수 있는 것은 아니다. 대진은 특히 먹고 마시며 남녀가 서로 좋아하는 등 일상의 욕구를 버리고서는 이치를 말할 수 없다고 본다. 우리가 살기 위해 필요한 생물학적인 욕구, 외부의 사물과 접하면서 생기는 갖가지 감정과 단절된 초월적인 이치는 있을 수 없다.

성리학에서는 태극으로서의 이치가 모든 존재의 근원으로서 음과 양, 만물을 생산하며 기나 신체적 조건을 초월할 수 있다.

3. 혈기와 심지가 바로 본성이다

> 본성은 음양과 오행에서 나뉘어져 형성된 혈기(血氣)와 심지(心知)로서 사물을 구별해준다.
>
> 《맹자자의소증 중》, 〈성(性)〉

대진은 장재와 마찬가지로 기의 운동과 변화 곧 기화를 세계의 근원이라고 보았다. 천지의 기화는 음양과 오행의 작용으로 끊임없이 만물을 생산한다. 태어나는 시점에 따라 개체마다 치우침과 온전함, 두터움과 얇음, 맑음과 탁함, 어두움과 밝음 등의 차이가 생기면서 각 사물의 본성을 형성한다. 대진에 따르면, 《주역》, 《논어》, 《맹자》와 같은 경전에 나오는 본성은 각 개체의 종류를 다른 것과 구별해주는 의미를 갖는다. 예를 들어 복숭아와 살구가 구별되고 각각 향기, 색깔, 냄새, 맛이 다른 것은 씨앗에 보존된 본성이 다르기 때문이다. 개체화된 본성은 각 부류마다 동일한 고유성을 지니기 때문에 상호 호환이 불가능하다. 형성된 본성이 다르므로 신체적인 형질도 다르며, 그 형질이 움직여서 몸이 작용하는 것도 다르다. 따라서 고유한 차이를 뒷받침하는 본성의 차원에서는 만물의 통일성을 논할 수 없다.

대진은 자신이 존경하는 장재마저도 천지의 본성과 기질의 본성을 구분하는 문제가 있다고 지적한다.

반면 성리학에서는 보편적인 이치가 본성으로 내재된다. 본성은 이치와 마찬가지로 본래적인 동일성을 갖고 있으며 개체의 차이는 기질의 몫으로 돌려졌다. 그래서 천명의 본성〔天命之性〕과 기질의 본성〔氣質之性〕이 나뉜다. 완전하고 자족적인 천명의 본성은 그 자체가 순수한 선이지만 형체의 기질에 매개된 기질의 본성은 그렇지 못하다. 이러한 이분법적 본성 이해를 물에 비유해보자. 맑은 물은 순수하게 선한 본성이고 탁한 물은 그런 본성이 형체의 기질에 빠져 더럽혀진 것이며, 탁한 물이 다시 맑아지는 것은 수양을 통해 본성을 회복하는 셈이다. 하지만 대진은 신체의 기질을 악의 가능성과 연관 짓거나 그것을 초월하는 별도의 본성을 설정하는 본성 이해를 비판한다.

성리학의 이분법적 본성의 논리는 대진에게 신체적인 욕구를 부정하면서 무욕(無欲)을 주장하거나 정적(靜寂)을 내세우는 도교나 불교를 연상시켰다.

대진의 고유한 본성 이해는 《예기》의 〈악기(樂記)〉

에 나오는 '혈기와 심지의 본성(血氣心知之性)'에 기초한다. 맹자가 성선(性善)을 주장한 것처럼 그에게 혈기와 심지라는 본성은 그 자체가 선이다. 이런 의미에서 대진은 "하늘의 명령을 본성이라 한다"는 《중용》의 유명한 구절도 개체가 태어나는 순간 부여받는 기질이 개체마다 다르게 제한된다는 뜻으로 풀이한다. 그는 혈기와 심지라는 본성을 철저하게 신체의 기질에 따라 규정한 것이다. 이러한 점은 이치와 동일시되는 하늘의 명령이 선천적인 윤리적 본성이라고 보는 성리학의 입장과 대비된다. 신체적인 조건에 제약을 받는 혈기와 심지의 본성이 선이라면, 신체의 자연스러운 욕구 역시 선일 수밖에 없다.

혈기와 심지의 본성은 인간의 모든 활동을 관통한다. 대진은 혈기와 심지의 본성이 갖고 있는 고유한 속성으로 욕구(欲), 감정(情), 지각(知)을 제시한다. 이 세 가지 속성은 모두 본성이 발현된 양태들이다. 눈으로 보려 하고 귀로 들으려 하며 입으로 먹으려 하는 등의 감각적 욕구는 우리의 생명을 기르는 역할을 한다. 기쁨, 노함, 슬픔, 즐거움 등의 감정은 외부 사물이나 사람과의 관계에서 발생한다. 지각은 아름다움과 추함, 옳음과 그름의 윤리적 판단을 한다. 이러한 본성의 고유한 역량은 모두 우리가 몸을 갖고 있기 때문에 가능하다. 즉 우리의 몸이 있어서 소리, 색깔, 냄새, 맛에 대한 욕구가 있고, 몸이 있기에 사람 사이의 감정이 발생하며 윤리가 갖춰지는 것이다.

대진은 혈기와 지각이라는 본성과 그 세 가지 속성을 선이라고 보지만, 잘못에 빠질 가능성 역시 인정한다. 다시 말해 욕구의 잘

못은 사사로움〔私〕이며 이 사사로움이 탐욕으로 이끌고, 감정의 잘못은 치우침이며 이 치우침이 어긋남으로 인도하며, 지각의 잘못은 가림이며 이 가림이 오류를 낳는다. 따라서 사람의 윤리적 실천과 도덕의 융성은 이러한 잘못을 벗어나는 데 있다. 여기서 우리는 대진이 비록 욕구를 긍정했지만 잘못된 욕구인 사사로움을 부정했다는 사실을 알 수 있다. 인욕(人欲)을 없애야 한다고 주장하는 성리학적 금욕주의를 반대하고 신체의 욕구를 강조했지만, 대진 역시 욕구의 절제라는 유학의 오랜 전통에서 완전히 벗어나지는 못했다.

4. 나와 남의 욕구를 함께 충족시켜라

욕구가 본성의 고유한 기능에 속하기 때문에, 대진은 일상의 경험에서 발휘되는 욕구는 삶의 필연적인 정당성을 갖는다고 주장한다. 그에게 사물에 대한 욕구를 없애고 내면을 관조하는 내향적인 수양은 부득이한 현실의 욕구를 무시하는 도교나 불교의 길에 불과하다. 예를 들어 경 공부를 통해 이치를 보존하라는 성리학의 수양은 깨어 있는 마음으로 형체를 초월한 순수한 본성을 깨달으라고 말하는 불교의 가르침과 같다. 순수하고 완전한 형이상학적 실체를 추구하면서 신체적인 욕구를 필요악으로 대하는 태도야말로 일상적 삶의 실존에 대한 부정이다. 일상생활에서 우리의 몸이 갖는 수많은 욕구는 삶을 이루려는 근원적인 욕구를 반영한다.

> 사람의 삶에서는 그 자신의 삶을 이루지 못하는 것이 가장 큰 병폐가 된다. 자신의 삶을 이루고자 해서 또한 남의 삶을 이루게 하면 인이고, 자신의 삶을 이루려고 해서 남의 삶을 해치게 되어도 상관하지 않으면 불인이다. 불인은 실제 그 삶을 이루려는 마음에서 시작되므로, 이 욕구가 없다면 반드시 불인도 없을 것이다. 하지만 이 욕구를 없애버리면 천하 사람들의 삶의 길이 궁핍해져도 멍하니 쳐다보기만 할 것이다. 자기가 자신의 삶을 반드시 이루고자 하지 않으면서 남의 삶을 이루는 경우는 없다.
>
> 《맹자자의소증 상》, 〈리〉

대진은 삶을 이루려는 원초적인 생존 욕구를 모든 행위의 기초로 삼는다. 그에 따르면 생존의 욕구가 전혀 없는 것이 삶의 가장 큰 병폐가 된다. 살고자 하는 욕구가 없는 사람은 어떠한 일도 하지 못하고 마치 허수아비처럼 멍하니 세월을 보낼 뿐이다. 그리고 그러한 사람에게는 남을 위하는 윤리적인 선도 남을 해치는 윤리적 악도 일어날 수 없다. 대진에게 욕구의 부정은 삶의 부정인 셈이다. 우리가 하루하루 무언가를 하면서 살아간다는 사실은 우리의 원초적인 삶의 욕구를 보여준다.

그렇다면 대진은 사적인 욕구의 무제한적인 실현을 긍정한 것일까? 그렇지 않다. 그는 나와 남 사이의 관계에서 자신만의 욕구를 이루려다가 남을 해치는 문제가 생길 수 있음을 간과하지 않았다. 나도 나의 삶만 이루려고 하고 남도 자신의 삶만 이루려고 할 때 우리는 수많은 욕구의 충돌과 갈등을 경험한다. 삶을 이루려는 나의 욕구가 정당하더라도 남의 욕구를 해치거나 부정할 수는 없다. 우리는 누구나 삶을 이루려는 동일한 욕구를 갖고 있으므로, 자신의 욕구가 중요한 만큼 남의 욕구도 존중해야만 한다. 만일 자신만의 욕구에 빠져 남의 삶을 해친다면, 잘못된 사사로움으로 탐욕을 낳아 남을 해치고 결국에는 자신의 삶도 해치게 될 것이다.

대진은 공자가 강조한 서(恕)를 통해 나와 남의 욕구를 조절해야 한다고 주장한다. 그에게 서는 남을 배려하는 자기 반성적인 성찰의 자세다. 예를 들어 대진은 남에게 무언가 행할 일이 있으면 자신에게 돌이켜 "남이 내게 이런 식으로 행동한다면 내가 그것을 받아들일 수 있을까"를 조용히 생각해보라고 제안한다. 특히 남에

서(恕)라는 글자 자체가 마음을 같게 한다는 뜻을 갖고 있다. 다시 말해 나와 남의 동일한 마음에 기초해서 윤리적 실천을 하는 것이 바로 서다.

대한 공감적인 이해와 자기 성찰을 사회적 신분이 낮은 사람에게도 적용하라고 주문한다. 권력을 갖고 있는 소수의 사람이 자신의 욕구만을 챙기고 남의 욕구를 배려하지 않으면 대다수의 국민은 고통을 겪을 수밖에 없다. 대진은 욕구의 보편적 동일성에 기초해서 이기적인 자기중심주의나 사회적 차별을 뛰어넘는 윤리의 가능성을 모색한 것이다.

대진은 서의 실천을 통해 이루는 욕구의 공평한 절제를 자연의 분리라고 표현한다. '자연'이 무언가를 좋아하고 싫어하는 본성의 실제적인 욕구라면, '분리'는 그러한 욕구가 남과의 관계 속에서 적절한 결을 따라 실현되는 것이다. 나와 남 사이의 적절한 욕구의

조화가 달성되면 그것이 바로 하늘의 이치를 따르는 것이 된다. 대진에게 하늘의 이치는 신체적인 욕구를 억압하는 초월적인 기준이 아니라 나와 남 사이의 욕구를 조절하여 성취하는 욕구의 절제이기 때문이다. 다시 말해 하늘의 이치는 선험적으로 전제되는 것이 아니라 욕구의 현실에서 조율되어 달성되는 것이다. 따라서 나와 남 사이에서 이뤄지는 자연의 분리는 바로 하늘의 이치이며, 그것이 바로 윤리적인 선 곧 필연이 된다.

5. 욕구와 감정에 기초한 본성 이해의 길을 열다

대진은 신유학 이후 핵심적인 범주였던 이치를 인간의 근원적인 욕구의 지평에서 재구성한 사상가다. 그는 언어와 문자의 엄밀한 분석을 자랑하는 고증학적 학문 경향으로 이치에 담겨 있는 도교와 불교의 요소를 제거하려 노력했다. 특히 이치를 초월적 본성으로 생각하여 욕구를 억압하는 성리학적 사유 체계를 비판하고 욕구의 맥락에서 본성의 일원론적 구조를 제시했다. 혈기와 심지라는 경험적이고 구체적인 본성을 통해 대진은 윤리와 욕구의 이원론적 대립구도를 붕괴시킨다. 대진은 욕구의 부정이 아니라 욕구에 근거해서 성취되는 사회적 절제로 윤리의 의미를 변화시켰다. 다시 말해 그는 하늘의 이치를 사람의 욕구와 대립되는 기준이 아니라 반성적으로 조율된 욕구로 변화시켜 신유학적인 윤리의 의미를

청나라의 주화 강희통보

량치차오(梁啓超)

량치차오(梁啓超)는 인간의 정감을 부정하는 기독교의 절대 금욕주의에서 인간의 감정을 중시하는 문예부흥시대로의 전환과 비교해 이런 평가를 내렸다. 그는 신유학의 금욕주의를 이성 철학으로, 대진의 감정 존중을 정감 철학으로 풀이한 것이다.

벗어났다.

고증학적 경전 연구의 대표자로 이름이 높았던 대진은 생존 당시에 주로 고증학 분야에서만 유명했을 뿐 사상가로서는 그리 인정을 받지 못했다. 그래서 그가 가장 자부심을 가진 《맹자자의소증》도 동료나 후학에게서 외면을 당했다. 하지만 고증학의 영역을 넘어서 신유학적 사유의 기초를 근본적으로 반성하고 비판한 그의 시각은 근대에 들어오면서 주목을 받는다. 특히 현대의 계몽적인 지식인으로 유명한 량치차오(梁啓超)는 《청대학술개론(淸代學術槪論)》에서 대진의 《맹자자의소증》에 대해 정감 철학(情感哲學)으로 이성 철학(理性哲學)을 대신한 것이라고 평가하고 청대 300년간 가장 가치 있는 책이라고 극찬한다. 마음과 본성을 존재론적 본체로서 강조하는 신유학적 사유 경향에 대한 그의 비판적 해체 작업은 인간의 욕구와 감정을 긍정하는 새로운 사유의 길을 연 것이다.

대진이 들려주는 이야기

높은 사람은 낮은 사람을 이치로써 꾸짖고 어른은 어린이를 이치로써 꾸짖으며 귀한 사람은 천한 사람을 이치로써 꾸짖으니, 비록 잘못해도 이치를 따른다고 한다. 낮은 사람, 어린이, 천한 사람은 이치를 가지고 다투니, 비록 잘해도 이치를 거스른다고 한다. 그리하여 아랫사람은 천하의 보편적인 감정과 보편적 욕구를 윗사람에게 호소할 수 없고 윗사람은 이치로써 아랫사람을 꾸짖으니, 아래에 있다는 이유만으로 죄를 짓게 되는 것이 사람마다 다 헤아릴 수 없다. 사람이 법 때문에 죽으면 오히려 불쌍히 여기는 사람이 있지만, 사람이 이치 때문에 죽으면 그 누가 불쌍히 여기겠는가?

《맹자자의소증 상》, 〈리〉

尊者以理責卑, 長者以理責幼, 貴者以理責賤, 雖失謂之順, 卑者幼者賤者以理爭, 雖得謂之逆, 於是下之人, 不能以天下之同情天下所同欲, 達之於上, 上以理責其下, 而在下之罪, 人人不勝指數. 人死於法, 猶有憐之者, 死於理, 其誰憐之?

한자 풀이

尊者(존자) : 높은 사람

卑(비) : 낮다, 낮은 사람

責(책) : 꾸짖다, 요구하다

長者(장자) : 어른

幼(유) : 어린이

貴者(귀자) : 귀한 사람

賤(천) : 천하다, 천한 사람

失(실) : 잘못하다

順(순) : 따르다

爭(쟁) : 다투다

得(득) : 잘하다

逆(역) : 거스르다

達(달) : 미치다

憐(련) : 불쌍히 여기다

誰(수) : 누구

깊이 읽기

대진은 당시 사회에서 이치라는 개념이 통용되는 방식의 폐단을 예리하게 비판한다. 지위가 높고 나이가 많으며 신분이 귀한 사람이 그렇지 않은 아랫사람에게 이치를 내세워 꾸짖으면 아랫사람은 숨이 막히게 된다. 사람이면 누구나 보편적인 욕구와 감정을 갖게 되지만, 이치라는 방해물은 윗사람과 아랫사람을 소통할 수 없게 한다. 더욱이 권력자가 자신의 주관적인 의견이 이치에 부합한다고 자신한다면, 그런 사람이 내세우고 강요하는 이치는 약자의 생존을 무자비한 폭력으로 위협하게 된다. 주관적인 이치가 절대적 기준으로 자리 잡으면 보편적인 삶의 욕구를 억압하기 마련이다. 예를 들어 과부에게 정절을 목숨보다 소중하게 여기도록 강요하거나 효자가 자신의 살을 베어 부모에게 대접하는 등의 사건이 발생한다. 이치가 초역사적인 의미를 지니며 내면화된 사회에서는 절대화된 이치로 삶을 희생해도 당연하다고 여길 것이다.

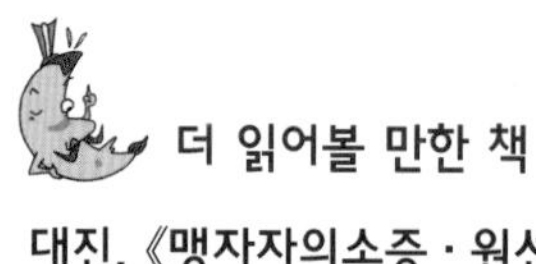

더 읽어볼 만한 책

대진, 《맹자자의소증 · 원선》, 임옥균 옮김(홍익출판사, 1998)

대진이 자신의 저서 가운데 가장 자부하던 《맹자자의소증》, 그리고 대진의 초기 사상을 담고 있는 《원선》의 번역서다. 《맹자자의소증》은 이치, 천도, 본성, 재(才), 도, 인의예지, 성(誠), 권(權)의 개념을 차례대로 분석하고 있다. 질문과 답변의 형식으로 구성되어 있어서 쟁점이 되는 문제를 파악하기 좋다. 대진의 사유 구조를 알기 위해서 반드시 필요한 책이다.

임옥균, 《대진》(성균관대학교출판부, 2000)

대진에 대해 저술한 국내에서 유일한 연구서다. 저자는 대진의 시대와 생애를 소개하고 사상 부분에서 고증학적 학문론의 수립, 이치 개념의 전환, 기 중심의 세계 해석, 인간의 본성, 자연의 길과 인간의 길 등의 주제를 다루고 있다. 마지막 부분에서는 대진의 초기 철학을 보여주는 《서언(緖言)》을 번역하고 그 원문을 덧붙였다. 대진에 대한 입문서로서 도움을 줄 것이다.

제8장

캉유웨이—대동의 세계를 꿈꾸다

1. 공자를 통해 제도 개혁을 시도하다

캉유웨이

캉유웨이(康有爲, 1858~1927)의 자는 광샤(廣廈)이고 호는 창쑤(長素)다. 광동성 남해현에서 태어났으며, 이 지명을 따서 남해 선생으로 불렸다.

캉유웨이는 서구 자본주의 문명과의 만남과 충돌 속에서 청나라 지배 체제가 동요하던 시대를 살았다. 서구의 위협 속에서 청나라 관료들은 유교적 가치를 유지하면서 서양의 공업 등 물질문명 중심으로 수용하려는 양무운동을 벌였다. 하지만 1895년 아시아를 벗어나 서구화를 달성한 일본과의 전쟁에서 패배하면서 새로운 개혁이 요청되는 상황이었다. 이러한 상황에서 캉유웨이는 체제의 근본적인 개혁을 주장하는 변법론(變法論)을 전개한다. 그의 변법 구상은 광서제(光緖帝)가 호응하여 1898년에 전국적으로 시행되는 무술변법에 이르지만 보수파의 반발로 결국 실패한다. 그리고 중국 역사의 방향은 변법을 넘어 혁명으로 향하게 된다.

캉유웨이는 청대 금문경학을 완성한 사상가라고 할 수 있다. 그

광서제(光緒帝)와 그의 정적이었던 양어머니 서태후(西太后)

는 금문경학에서 자신이 주장하는 변법의 이론적 근거를 찾았다. 그는 공자가 단지 고대의 전승을 기술한 인물이 아니라 스스로 제도를 창제하고 개혁했다고 주장한다. 동시에 공양학의 세 단계 역사발전론인 삼세설과 《예기》 〈예운(禮運)〉의 대동(大同) · 소강(小康)설을 결합시켜 태평의 시대를 대동의 세계로 제시한다. 대표작에는 고문경전을 위서(僞書)라고 주장하는 《신학위경고(新學僞經考)》, 공자가 고대의 성인에 자신의 이

금문경학(今文經學)은 진시황의 분서갱유 이후 기억으로 전해지던 유교 경전을 한나라가 들어서면서 당시의 문자인 예서(隸書)로 적은 금문경전에 대한 경학을 말한다. 이에 비해 고문경학(古文經學)은 선진(先秦)시대의 오래된 문자로 씌어진 고문경전을 연구하는 경학을 뜻한다.

상을 투영해서 제도의 개혁을 도모했다고 보는 《공자개제고(孔子改制考)》, 그리고 미래의 이상을 제시한 《대동서(大同書)》가 있다.

《춘추》에 대한 해석서 가운데 《춘추공양전(春秋公羊傳)》의 주장을 받드는 학문이다.

2. 공자, 제도 개혁의 선구자이자 교주

캉유웨이는 서구 열강의 위협 속에서 청나라의 제도 개혁을 통해 부강한 국가를 건설하려 노력했다. 그는 아래로부터의 급격한 혁명이 아니라 황제와 관료지식인의 동의 아래 점진적인 개혁을 추구했으며, 새로운 공자 이해로 개혁의 정당성을 뒷받침했다. 신유학에서 공자는 유교의 성인이지만 누구나 배움을 통해 도달할 수 있는 인격이며, 마음과 본성은 동일한 존재다. 이와 같이 내면의 세계 중심으로 강조된 신유학적 공자 이해와 달리 캉유웨이는 국가 제도의 개혁자로서 공자를 재발견한다. 그리하여 그는 제도의 건립과 개혁을 강조하는 금문경학을 통해 공자를 새롭게 이해하고 제도 개혁의 정당성을 주장한다. 그리고 고문경학이 '은미한 말 속의 위대한 의리(微言大義)'를 담고 있는 공자의 정신을 없애 버렸다고 비판한다.

공자

캉유웨이는 《신학위경고(新學僞經考)》에서 고문경전은 전한(前漢) 말기의 유흠(劉歆)이 왕망(王莽)의 신(新)나라를 위해 지어낸 위서(僞書)이며 공자의 진정한 정신을 전하지 않았다고 주장한다.

> 공자가 교주가 되고 신명한 성왕(聖王)이 되는 근거는 어디에 있는가? 육경에 있다. 육경은 모두 공자가 지으신 것이다.
>
> 《공자개제고》

유교 전통에서 육경은 공자의 창작이 아니라고 생각했지만 캉유웨이는 공자야말로 육경을 직접 창작한 위대한 성왕이라고 말한다. 그에 따르면 유교의 고대적 질서인 《주례》의 집대성자로 추앙받는 주공(周公)이나 요(堯)임금, 순(舜)임금 같은 이상적인 성인은 공자가 제도 개혁을 정당화하기 위해 만들어낸 인물에 불과하다. 유교의 예와 제도를 창제한 것은 이런 전설상의 인물이 아니라 공자다. 공자가 고대의 성인에 의탁해서 제도를 개혁했다고 주장하는데, 이것이 바로 유명한 탁고개제(托古改制)의 논리다. 시대에 맞게 제도를 개혁하고 창조하는 공자의 모습은 고대의 왕이나 제도를 절대적으로 받드는 보수적인 유학자로 그려진 기존의 공자 이미지와 다르다.

단적으로 캉유웨이에게 공자는 제도 개혁가이자 교주였다. 캉유웨이는 세계의 중심이라고 믿어온 중국이 단지 하나의 민족국가, 국민국가로 재편되는 역사적 상황에서 국민의 마음을 통합할 인물이 필요하다고 생각했다. 그 인물이 바로 공자다. 그래서 캉유웨이는 공자를 단순히 철학자, 정치가, 교육자를 넘어서 전통적 유교 질서를 창조한 교주로 규정한다. 그는 공자의 절대적 지위를 강조해 유교라는 명칭을 공교(孔教)로 바꾸고 공교회를 조직해서 공교를 중국의 국교로 만들려는 정치운동을 벌였다. 공자가 고대의 인물에 의탁했듯 캉유웨이는 공자에 의탁해 제도의 개혁을 추구했던 것이다. 다시 말해 그는 서구의 우월한 문명과 제도를 도입하여 중국을 개혁하기 위해 공자의 권위를 이용했다.

3. 세 단계의 역사발전론, 삼세설

캉유웨이는 역사 발전론을 제시하여 중국 현실에서 제도의 개혁이 요청된다는 사실을 뒷받침하고자 노력한다. 변화를 세계의 보편적인 법칙으로 여기는 캉유웨이는 시대에 단계가 있으며, 그 단계에 따라 걸맞은 제도의 양식이 정해져 있다고 보았다. 역사의 단계를 설정하면, 혼란스러워 보이는 다양한 현상을 도식에 따라 분류하기 쉬워진다. 요즈음 우리가 인류의 역사를 고대, 중세, 근대라는 삼분법으로 나누어 각 시대의 고유한 특징과 양식을 규정하는 것도 이런 경향을 보여준다. 이런 맥락에서 그는《춘추공양전

공양학파(公羊學派)가 따르는 《춘추공양전》은 《춘추》에 담겨 있는 공자의 은밀한 뜻을 밝히는 데 중점을 두었으며, 캉유웨이는 《춘추동씨학(春秋董氏學)》을 지어서 전한시대의 대표적인 공양학자인 동중서(董仲舒)의 공자 이해를 발전시켜 공자를 더욱 신비화한다.

(春秋公洋傳)》에 따라 세 단계의 역사발전론, 곧 삼세설을 활용한다. 중국 고유의 역사발전론이라 할 수 있는 이 삼세설 역시 공자가 제시한 것으로 설명된다.

> 공자께서는 《춘추(春秋)》를 지어서 삼세설을 널리 펼치셨다. 혼란의 시대〔據亂世〕에는 자기 국가만을 안으로 여기고 나머지는 배제하고, 태평의 시대로 상승하는 시대〔升平世〕에는 중국의 모든 나라를 안으로 여기고 오랑캐를 배척하며, 태평의 시대〔太平世〕에는 오랑캐도 벼슬길에 나아가고, 멀고 가까우며 크고 작은 천하의 모든 세계가 하나가 된다. 이것은 진화의 이치를 미루어서 지은 것이다. 공자께서는 혼란의 시대에 태어났지만 오늘날에는 대지가 이미 통하고 서구가 크게 변화했으니 태평의 시대로 상승하는 시대에 이른 것이다.
>
> 《논어주(論語注)》

캉유웨이는 부족에서 부락으로, 부락에서 국가로, 국가에서 대통일로 세계가 확장되고 새로운 단계로 발전한다고 주장했다. 국가 의식과 관련해서 삼세설을 살펴보면, 자기 국가에 집착하는 단계에서 점차 밖으로 확대되어 결국에는 세계 전체가 하나로 통일되는 상태로 나아가는 것이다. 그래서 캉유웨이는 교통과 운송 수단의 발전으로 세계가 서로 소통하게 되고 서구 사회가 자본주의에 의해 크게 변화한 것을 역사의 발전으로 평가한다. 그는 사람들간의 경쟁에 의해 진화의 도리가 발생하며 진화의 도리에 따라 문명에 이른다고 보았다. 문명과 야만을 대비시키고 약소국에 대한 강대국의 침략을 부득이한 추세로 인정하는 그는 약육강식의 진화론적 관점을 가졌던 셈이다.

그런데 캉유웨이의 삼세설은 단지 변화의 성격을 서술하는 것에 머물지 않고 변화를 이루어 더 나은 단계로 전진해야 한다는 당위로 이어진다. 이는 변화가 자연의 보편적인 이치를 반영하기 때문이다. 따라서 혼란의 시대→태평의 시대로 상승하는 시대→태평의 시대로 나아가는 역사의 전진이 바로 우리가 걸어야 할 당위적인 순서가 된다. 캉유웨이에 따르면, 역사의 진화에는 반드시 거쳐야 하는 정해진 자리가 있다. 정치 체제를 예로 들자면 혼란의 시대에는 군주제, 태평의 시대로 상승하는 시대에는 입헌군주제, 태평의 시대에는 민주공화제가 적합하다. 세 단계의 시대는 각각 자신의 명운이 있기 때문에 억지로 시대와 어긋나는 제도를 강요할 수 없다.

따라서 캉유웨이의 역사 이해는 단계의 비약이나 초월을 용인하지 않는 특징이 있다. 그는 1911년 신해혁명이 일어나기 전뿐만 아니라 신해혁명이 일어나 황제가 폐위된 뒤에도 입헌군주제에 집착하고 황제의 복권을 시도한다. 단계론적인 역사 이해와 정치 활동 때문에 캉유웨이는 혁명을 주장하는 이른바 민주혁명파와 대립하고 투쟁한다. 그는 입헌군주제가 중국의 현실의 역사 단계에 적합한 정치 제도이며, 미래에는 민주공화제로 가야겠지만 지금 단계에서 바로 그렇게 비약을 해서는 안 된다고 보았다. 그는

청나라의 마지막 황제
푸이(溥儀)

물이 웅덩이를 채우면서 흘러가듯 변화는 점진적이어야 한다고 주장한다. 급진적 혁명은 물이 웅덩이를 채우지 않은 채 흘러가는 것과 같아서 혼란을 초래하기 때문이다. 이처럼 개혁을 요구하면서도 단계를 중시한다는 점에서 캉유웨이는 진보적이면서 동시에 보수적이다. 전제군주제를 주장하는 사람에게 그는 진보적인 위험한 인물이었고 혁명으로 민주공화제를 세우려는 사람에게 그는 시대에 역행하는 보수적 인물이었다.

4. 차별을 넘어선 대동의 세계

《춘추공양전》의 삼세설이 역사의 발전을 긍정하는 것이라면, 《예기》〈예운〉편에 나오는 대동은 캉유웨이의 이상 세계를 보여준다. 삼세설에서 말하는 태평의 시대가 바로 대동의 세계다. 본래 《예기》〈예운〉에서는 공자의 말을 빌려서 대도(大道)가 행해진 대동의 세계를 그린다. 대동의 세계에는 천하를 공공의 것으로 여기며 사적인 가족 의식이나 경제 관념이 없으므로 도둑이나 세상을 혼란하게 하는 무리도 없다. 반면 대동과 대비되는 소강의 세상은 천하를 사적으로 여긴다. 그래서 사람들은 자신의 가족만을 가족으로 여기고, 자신만을 위해 재화와 힘을 쓰게 되며, 예의로써 질서를 유지하게 된다. 캉유웨이는 미래의 이상 세계인 대동 사회를 기준으로 역사의 발전에 의미를 부여한다. 곧 혼란의 시대는 대동의 시작이며, 태평의 시대로 상승하는 시대는 대동의 진행이며, 태평의 시대는 대동의 성취다.

《예기》는 《주례(周禮)》, 《의례(儀禮)》와 함께 삼례(三禮)로서 각종 고례(古禮)의 기록을 수록한 경전이다. 《대학》과 《중용》도 원래는 《예기》에 속해 있던 편이었는데, 주희가 《사서집주》 체제로 재편하면서 독립적인 경전이 되었다.

대동의 설계도를 담은 캉유웨이의 대표작 《대동서》는 모든 생명이 즐거움을 추구하고 괴로움을 피하려 한다는 인식에 기초한다. 그의 회고에 따르면, 자신이 겪은 주위 사람들은 모두 서로 다투며 괴로워하는 모습뿐이었다. 《대동서》는 삶에서 겪게 되는 다양한 괴로움의 원인을 분류하고 괴로움의 해결 방안을 제시한다. 캉유웨이는 모든 괴로움의 원인을 아홉 가지 경계〔九界〕에서 찾는다. 아홉 가지 경계는 ① 강토와 부락을 나누는 국가의 경계, ② 신

《대동서(大同書)》

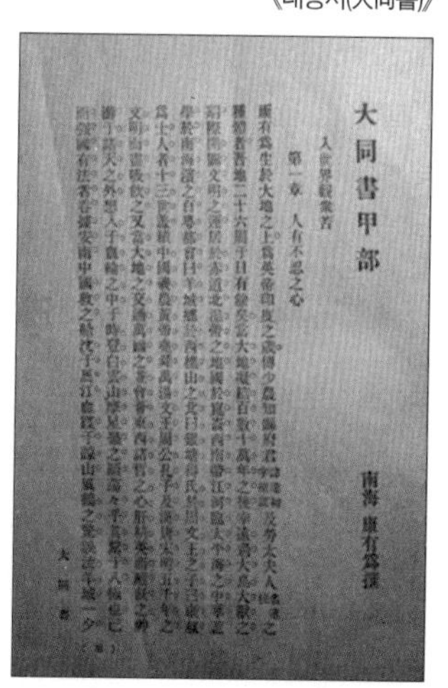
大同書甲部

入世界觀衆苦

第一章 人有不忍之心

南海 康有爲撰

캉유웨이의 대동(大同)은 형식상 유교의 경전으로 뒷받침되고 있으나 실제로는 자본주의적 세계 발전이나 불교적 세계관 등을 두루 포괄한다. 예를 들어 그는 기계로 각종 생산을 담당하여 노동을 절감하거나 새로운 기술로 육식을 대체하는 음식이 만들어지는 대동 사회를 그리고 있다. 고통을 벗어나야 한다는 《대동서(大同書)》의 기본 정서 역시 불교적 세계관을 반영한다.

분의 귀천을 나누는 계급의 경계, ③ 피부색으로 차별하는 인종의 경계, ④ 남자와 여자를 나누는 남녀의 경계, ⑤ 자기 가족만을 아끼는 가족의 경계, ⑥ 농업 · 공업 · 상업의 개인 사업을 두는 산업의 경계, ⑦ 불공평하고 상이한 법을 두는 혼란의 경계, ⑧ 사람과 동물을 구별하는 생물의 경계, ⑨ 괴로움이 대대로 유전되는 고통의 경계다. 이러한 경계에서 발생하는 괴로움을 벗어나는 방안은 다음과 같다.

① 국가의 경계를 없애 대지를 통합한다.
② 계급의 경계를 없애 사람을 평등하게 한다.
③ 인종의 경계를 없애 인류를 동일하게 한다.
④ 남녀의 경계를 없애 독립을 보존한다.
⑤ 가정의 경계를 없애 하늘의 백성이 되도록 한다.
⑥ 산업의 경계를 없애 생업을 공공화한다.
⑦ 혼란의 경계를 없애 태평을 이룬다.
⑧ 생물의 경계를 없애 중생을 사랑한다.
⑨ 고통의 경계를 없애 극락에 이른다.

《대동서》

괴로움의 원인이 구분을 짓고 차별을 낳는 경계이므로, 괴로움을 해소하고 즐거움에 이르는 방안은 경계의 제거에 있다. 구분과 차별의 경계가 모두 제거된 사회가 바로 대동 사회다. 대동 세계에서는 국가의 경계를 넘어 공적인 세계 정부〔公政府〕가 성립하고,

산업에서는 사적인 소유와 경영이 없어져 노동과 재산을 공유하며, 신분적으로 모든 계층과 직업이 평등해지며, 남녀가 차별 없이 평등하므로 여자는 독립의 권리를 갖는다. 특히 캉유웨이는 유교 전통을 지탱하던 가정의 울타리를 없애야 한다는 파격적인 주장을 전개한다. 그는 모든 사람이 자주적이고 독립적이며 평등하기 위해서는 가족 제도가 주는 억압과 고통을 벗어나야 한다고 주장한다. 흔히 가정이라면 가장 원초적인 사회 단위로서 삶의 고단함을 치유하고 위로해주는 울타리로 생각되는데, 캉유웨이는 이를 사적인 재산의 소유, 경제적 불평등과 정신적 부자유의 근원으로 간주했다. 가정이라는 이름으로 자행되는 각종 억압과 폭력에서 벗어난 미래의 대동 세계에서는 어린이가 태어나면 공적으로 양육하고 교육하며 노인이 되면 공적으로 부양한다.

캉유웨이는 남의 고통을 절실하게 공유하는 자신의 실존적 경험에 기초해서 고통이 없는 대동의 꿈을 제시한 것이다. 그는 남이 겪는 근심과 고통을 자신의 근심과 고통처럼 느끼는 경험을 한 후, 그런 경험은 모든 인류가 자신의 동포이기 때문에 가능했다고 생각한다. 캉유웨이에 따르면, 모든 개체는 원기(元氣)라는 동일한 근원에서 나온 동포이므로 서로 소통할 수 있는 역량을 갖고 있다. 원기의 차원에서 보면 사물과 나는 한 몸이 되어 경계가 없기 때문이다. 경계를 넘어 다른 존재를 내 안으로 끌어들이는 힘이 바로 인의 마음이다. 마치 빛과 전류가 어디든 갈 수 있듯이, 무한한 소통의 역량을 가진 인의 마음은 자신의 혈육이나 이웃을 넘어 만물을 사랑하는 데까지 확대된다. 이것이 바로 박애의 마음이다. 캉유

웨이의 대동은 차별이 사라지고 서로 사랑하는 평등과 사랑의 공상적인 이상 사회라 할 수 있다.

5. 아직도 실현되지 않은 대동의 꿈

캉유웨이는 새로운 활력을 상실하고 체제에 동화된 주자학이나 경전의 문구에 집착하는 고증학을 넘어서 금문경학과 공양학을 통해 유학의 새로운 가능성을 보여준다. 그는 공자를 제도 개혁의 원형으로 제시함으로써 관료와 지식인들의 동의 아래 국가 제도와 사회 제도의 개혁을 성취하려 노력했다. 비록 실패하고 말았지만 입헌군주제의 국가를 지향한 그의 변법운동은 19세기 말에서 20세기 초에 걸치는 중국의 격변기를 대표하는 하나의 사조였다. 그가 꿈꾼 대동 사회는 국가의 경계를 넘는 세계주의, 모든 차별이 사라진 평등주의, 사적인 소유를 금지하는 사회주의 등을 담고 있다. 모든 차별적인 경계를 벗어난 대동 사회는 현재 인류의 상태에서도 달성하기 어려운 공상적 이상 세계라고 할 수 있다. 하지만 캉유웨이가 구상한 대동의 세계는 차별과 고통을 벗어나려는 사람들이 여전히 음미할 만한 가치를 갖는다.

캉유웨이의 문하에서는 량치차오 같은 당대 최고의 계몽적 지식인이 제자로 배출되었다. 특히 량치차오를 통해 금문학을 배우고 변법운동을 벌였던 담사동을 기억할 필요가 있다. 무술변법이 실패로 끝났을 때 담사동은 외국으로 도망가지 않고 사형을 받아 한 알의 밀알처럼 자신을 희생한다. 그의 저서인 《인학(仁學)》은 삼강오륜을 비롯한 모든 억압의 그물을 뚫고 돌파하려는〔衝決網羅〕 정신을 보여준다. 캉유웨이의 학문은 중국뿐만 아니라 우리나라의 지식인들에게도 커다란 영향을 주었다. 일제 강점기 조선의 이병헌(李炳憲)은 중국에서 직접 캉유웨이를 만나 금문경학과 공교운동을 배워 우리나라에서 실천했다. 이병헌의 유교개혁운동은 비록 당대에 사회적으로 인정을 받지 못했지만 유교가 근대 속에서 변모하려는 하나의 방식을 제시했다는 점에서 중요하다.

캉유웨이가 들려주는 이야기

넓은 하늘 아래 생명을 가진 무리는 모두 즐거움을 구하고 괴로움을 벗어날 뿐 다른 길은 없다. 그 길을 빙빙 돌거나 멀리 돌아서 꼬불꼬불하게 나아가는 바람에 가는 일이 괴로워도 싫어하지 않는 것은 진실로 즐거움을 구하려 하기 때문이다. 비록 사람들의 성품에 동일하지 않은 점이 있겠지만 '인도(人道)에는 괴로움을 구하고 즐거움을 버리는 경우가 없다' 고 단언해서 말할 수 있다.

普天之下, 有生之徒, 皆以求樂免苦而已, 無他道矣. 其有迂其道, 假其道, 曲折以赴, 行苦而不厭者, 亦以求樂而已. 雖人之性有不同乎, 而可斷斷言之曰, 人道無求苦去樂者也.

한자 풀이

普(보) : 넓다

樂(락) : 즐거움

苦(고) : 괴로움

迂(우) : 빙빙 돌다

假(가) : 멀게 돌다

曲折(곡절) : 꼬불꼬불함

赴(부) : 나아가다

厭(염) : 싫어하다

깊이 읽기

혼란의 시대를 살다 간 캉유웨이는 이 세계를 괴로움과 즐거움이라는 두 가지 상태로 구분해서 바라본다. 그는 단지 괴로움을 없애고 즐거움을 구하는데 인도가 있다고 생각했다. 얼핏 보면 괴로움을 추구하는 듯이 보이는 경우에도 사람들은 즐거움과 괴로움의 크기를 저울질해서 즐거움을 추구하기 마련이다.

예를 들어 성인들이 가정이나 영화(榮華)를 버리고 고통스러운 수행을 하는 까닭도 지극한 즐거움을 얻기 위해서 짧은 괴로움을 감내하는 데 있다. 또한 효자나 충신 등이 각종 괴로움을 감내하고 심지어 자신의 목숨을 기꺼이 내놓는 것도 영광과 명예의 즐거움을 구해서다. 이런 의미에서 모든 사상의 판단 기준도 즐거움을 주고 괴로움을 덜어내는 정도에 있다. 캉유웨이가 꿈꾼 대동의 세계는 모든 차별과 불평등에서 생기는 괴로움이 사라지고 오로지 즐거움만 존재하는 공평하고 평등한 사회였다.

더 읽어볼 만한 책

강유위, 《대동서》, 이성애 옮김(을유문화사, 2006)

캉유웨이가 미래의 이상 사회를 구상해서 제시한 대표작 《대동서》를 번역한 책이다. 우선 1부에서는 인간이 세상에서 느끼는 모든 괴로움을 제시하고 그 괴로움의 원인으로 아홉 가지의 경계를 제시한다. 그리고 차례대로 아홉 가지의 경계를 제거하는 방안을 제시함으로써 대동 사회의 구체적인 모습을 구성하고 있다. 이 책을 통해 우리는 캉유웨이의 장대한 유토피아 구상을 알 수 있을 것이다.

장빙린—자신에게 의존하는 혁명의 주체가 되어라

1. 혁명의 논리를 불교에서 구하다

장빙린(章炳麟)은 캉유웨이와 동시대 인물로서 중국의 역사, 문화, 언어에 해박한 지식을 지녀 국학대사(國學大師)로 통한다. 그는 "육경이 모두 역사〔六經皆史〕"라고 주장함으로써 역사학의 범위를 넓힌 장학성(章學誠)의 역사학, 《춘추좌씨전(春秋左氏傳)》 등 고문경서를 중시하는 고문경학, 객관적이고 실증적인 문헌 연구를 지향하는 고증학의 유산을 모두 계승한 인물이다. 더욱이 그는 중국 전통의 제자백가뿐만 아니라 서양의 자연과학과 철학에 대해서도 정통했다. 장빙린은 청나라를 타도하는 혁명이냐 청나라 체제 내부에서의 제도 개혁인 변법이냐를 놓고 변법파인 캉유웨이나 량치차오에 맞서 투쟁했다. 학문에서도 고문경학의 입장에 선 장빙린은 캉유웨이의 금문학파와 대립했으며, 특히 공자를 신

장빙린(章炳麟, 1869~1936)은 호는 타이옌(太炎)이며 절강성 여항현 출신이다.

장학성(章學誠, 1738~1801)은 절강성 출신으로, 유교의 경전을 성인이 세상을 다스린 역사의 기록이라는 의미로 접근하여 경세치용(經世致用)의 학문으로서 역사학을 강조했다. 대표작으로는 《문사통의(文史通義)》가 있다.

쑨원

격화해서 교주로 만들려는 공교 운동에 대해 비판을 가했다. 그는 쑨원과 함께 혁명을 주장했으며, 혁명파의 기관지 《민보(民報)》의 편집을 담당해서 혁명의 논리와 도덕을 선전했다.

장빙린은 중국의 전통 문화와 사상을 계승한다는 학문적 자부심을 가지고 있었으며, 혁명을 주장하면서도 서구의 정치 제도나 자본주의를 맹목적으로 모방하려는 자세에는 반대했다. 그에게는 중국의 사상적 주체성을 유지하면서 혁명을 달성할 수 있는 혁명의 주체가 필요했다. 장빙린은 혁명을 주장하다 투옥되었을 때 불교에 심취하면서, 자기 시대에 필요한 혁명의 도덕을 불교의 유식학이라는 오래된 전통 속에서 발굴하게 되었다. 불교와 혁명, 지금의 우리에게는 낯설어 보이는 이 결합은 바로 이런 과정을 통해서 이뤄진 것이다. 장빙린의 대표적인 저서로 제자백가에 대한 연구 등이 담겨 있는 《구서(訄書)》, 불교의 유식학으로 《장자(莊子)》를 풀이한 《제물론석(齊物論釋)》 등이 있다.

쑨원(孫文, 1866~1925)은 광동성 향산현 출신으로, 민족 · 민권 · 민생의 삼민주의를 제창하여 혁명의 강령으로 확립했다. 1911년 중국 역사상 최초로 군주제를 붕괴시킨 신해혁명 이후 임시 대총통에 올라서 중화민국을 건립했다.

공(空) 사상을 제시한 중관학파(中觀學派)와 더불어 대승불교(大乘佛教)의 대표적인 학파로서, 세계의 모든 존재가 의식의 변화에 불과하다고 보기 때문에 유식학(唯識學)이라는 명칭으로 불린다.

2. 변법파와 투쟁하며 혁명을 주장하다

장빙린의 정치철학은 기본적으로 캉유웨이나 량치차오가 취한 변법의 개혁론에 대한 투쟁의식에 기초한다. 캉유웨이와 량치차오는 국제 정세에 맞게 중국이 변해야 한다는 점을 인정하면서도 그 변화가 안정적이고 질서 있게 달성되어야 한다고 보았다. 그래서 그들은 청나라 황제의 권력에 기대 위로부터 제도 개혁을 도모하는 변법을 시도하고, 입헌군주제의 도입을 주장했다. 하지만 민주주의는 피를 먹고 자란다는 말이 있다. 장빙린은 국가 권력의 변화가 권력자에게 요청한다고 이뤄질 수는 없으며, 혁명의 피를 통해 황실의 지배를 전복해야 한다고 생각했다. 특히 그는 강력한 한족 민족주의로 만주족을 증오하고 배척하는 마음을 가지고 있었다. 그에게 만주족의 청나라 지배 체제를 인정한 채 개혁을 추진하는 개량주의는 여전히 만주족의 노예로 살겠다는 의미에 불과했다. 장빙린에게 혁명은 한족 자체 내에서의 정권 교체가 아니라 이민족에게 빼앗긴 국권의 회복을 의미했기 때문에 '광복'이었다.

공리(公理)가 아직 밝혀지지 않았다면 혁명으로 그것을 밝히며, 낡은 풍속이 아직 남아 있다면 혁명으로 그것을 제거한다.

〈캉유웨이를 논박하고 혁명을 논하는 글〔駁康有爲論革命書〕〉

장빙린에게 혁명은 새로운 중국의 미래를 건설하기 위해 반드시 거쳐야 하는 필연적인 통과의례였다. 하지만 캉유웨이나 량치차오는 중국의 현실에서 혁명이 적절하지 못하다고 주장하면서 아직 국민의 수준이 혁명을 하기에 부족하다는 논거도 제시한다. 이에 대해 장빙린은 혁명을 통해 백성의 무지와 낡은 풍속을 타파하고 새로운 중국을 건설하는 데 필요한 내재적인 역량을 향상시킬 수 있다고 말한다. 현재로서는 민주주의를 실천할 주체로서 백성의 역량이 부족하다고 보는 견해에 대해, 장빙린은 혁명이라는 투쟁의 과정을 겪으면서 백성들의 지혜가 열릴 것이라고 반박한다. 민주 정치를 감당할 만한 준비가 되어 있어서 민주 정치를 하는 것이 아니라, 혁명의 과정을 통해 민주 정치의 역량을 습득할 수 있다는 것이다.

하지만 장빙린이 생각한 민주적 정치 제도는 서양에서 시행되는 대의제(代議制)가 아니다. 그에 따르면, 군주 국가에서 실시하는 대의제는 신분이 귀한 사람과 천한 사람 사이에 차별이 있기 마련이고 민주 국가에서 시행하는 대의제는 경제적으로 부유한 사람과 가난한 사람 사이에 차별이 있기 마련이다. 그는 서양의 대의정치가 사실상 평등한 민권을 신장하기보다는 소수의 부자나 지방의 호족에게 권력이 집중되는 제도라고 비판한다. 장빙린은 소수의 관료와 지주가 경제력을 독점하는 사회 구조가 유지되는 한, 서양의 대의정치를 도입한다고 해도 민권이 신장되지는 않을 것으로 보았다.

이처럼 장빙린이 대의제 정치를 비판한 사실의 이면에는 경제적 불평등의 심화에 대한 우려가 깔려 있다. 그는 서양의 자본주의 물질문명이 인간의 가치를 손상한다고 비판한다. 자본주의 사회에서는 사람이 아니라 그 사람이 갖고 있는 재화가 더 중시되므로, 인간적인 가치나 도덕보다 신체적인 욕구와 물질적 향유가 중시된다. 이런 사회에서는 부자는 가난한 사람을 멀리할 가능성이 많아진다. 장빙린에 따르면, 자본주의 물질문명에서는 사람이 저지

르는 악이 이전의 사회 형태보다 훨씬 크다. 그는 자본주의 체제와 달리 경제적 평등을 중시한다. 그래서 그는 토지를 경작하는 사람이 토지를 갖는다는 원칙에 따라 토지를 균등하게 분배해 농노가 되지 않도록 해야 한다고 주장한다. 이와 같이 장빙린은 봉건적인 정치 체제의 혁명을 주장하면서도 동시에 서구 자본주의나 의회 제도에 대해서는 비판적인 제3의 입장을 견지했다.

3. 중국 문화의 본질은 무엇인가

장빙린은 중국 고전의 문자와 언어에 대한 지식을 중시하는 고증학 풍토에서 성장해 중국의 전통 사상에 대해 해박한 지식을 지니고 있었다. 그는 중국 사상의 근원이라고 할 수 있는 제자백가 가운데서 순자(荀子)와 한비자(韓非子)를 높이 평가한다. 한때는 유학의 종주(宗主)를 공자나 맹자가 아니라 순자로 인식할 정도였다. 그러다가 감옥에서 본격적으로 불교 사상을 접하고, 엄밀한 분석과 사변을 자랑하는 유식학에 몰두하게 된다. 당시 중국에서는 불교의 유식학이 서양의 자연과학에 맞먹는 논리와 체계를 갖춘 사상으로 인식되었다. 그는 유식학의 논리로 장자의 《제물론(齊物論)》을 해석해서 불교와 도교의 사상적 합일을 시도한다. 다양한 사상적 편

순자(왼쪽)와 한비자

력을 자랑하는 장빙린은 서구의 학문과 사상에도 정통했지만 중국의 훌륭한 전통문화 곧 '국수(國粹)'의 수호자임을 자처하는 학문적 자부심을 가졌다. 그러나 공자를 신격화하고 공교를 국교로 삼으려 한 캉유웨이에 대해 상당한 비판을 가한다.

순자(荀子)는 제자백가의 사상을 종합한 인물로서 인간과 자연의 분리, 성악설에 기초해서 인위를 긍정한 사상가다. 한비자(韓非子)는 순자의 제자로서 법에 기초한 통치술을 제시하여 진시황이 통일제국을 건설하는 데 도움을 주었다.

> 공자가 중국에서 위대한 존재인 것은 역사를 정리하고 문헌을 유포하며 학술을 진흥하고 계급을 평등하게 만든 데 있을 뿐이다.
>
> 〈공교 건립의 논의를 반박함〔駁建立孔敎議〕〉

장빙린에게 공자는 중국 민족을 보존하고 문명 세계로 개화시킨 최고의 스승이다. 이런 공자의 위상은 다음의 네 가지 사실에 근거한다. 공자는 공자의 《춘추》를 지어서 역사의 전범을 만들었으며, 육경을 정비해서 역사를 민간에 유포했고, 《주역》을 편찬하고 《논어》를 드러내서 학술을 진흥시켰고, 지식을 통해 계급을 평등하게 만들었다. 장빙린에 따르면, 공자의 가르침의 핵심은 무엇보다도 역사다. 유교의 경전을 모두 역사의 기록으로 보는 장학성의 입장에 따라 그는 육경이 모두 공자의 역사학이라고 판단한다. 공자의 《춘추》가 있었기에 이후 사마천(司馬遷)의 《사기(史記)》와 반고(班固)의 《한서(漢書)》 등 각종 역사서가 구비될 수 있었다고 보았다. 이런 맥락에서 장빙린은 금문학파가 역사를 짚으로 만든 개처럼 무의미하게 대한다고 비판하고, 또한 공자를 역사가가 아니라 교주로 보는 캉유웨이의 주장을 반박했다.

장빙린은 공교를 국교로 만들려는 캉유웨이의 시도를 서양에서 전래된 기독교의 영향으로 풀이한다. 즉 캉유웨이는 서양 문화의 구심점인 기독교처럼 중국인을 결속시키는 종교로 공교를 내세웠다는 것이다. 하지만 장빙린은 기독교로 대변되는 서양 유신론의 종교를 모방해서 이질적인 중국 문화 속에 이식하려는 시도는 적절하지 않다고 판단했다. 더욱이 그는 근원적으로 기독교의 초월론적 유일신관(唯一神觀)을 비판한다. 기독교에서 말하는 신은 시간을 초월하고 전지전능하며 절대적이고 모든 것을 완비하고 있다. 그러나 장빙린은 근본적으로 이 세계를 초월하여 존재하는 신을 인정할 수 없었다. 그래서 서양 철학자 가운데서 세계를 초월한 존재가 아니라 세계에 내재하는 존재로 신을 규정하는 스피노자 Benedict de Spinoza의 입장에 동조한다.

스피노자

스피노자Benedict de Spinoza는 자기 원인적인 신이 모든 것의 내재적인 원인으로서 그가 창조한 세계 속에 실존한다고 주장했다. 이러한 신 이해는 전통적인 신앙인들이 믿는 인격신과 상당히 차이가 났기 때문에 스피노자는 상당한 곤경을 겪기도 했다.

그런데 장빙린은 스피노자의 범신론이 공자의 입장과 상통하는 무신론(無神論)이라고 해석해버린다. 그는 공자 이전에는 하늘을 존경하고 귀신을 공경하는 학설이 있었지만, 귀신을 섬기지 않았던 공자 이후에는 각종 사상이 초월적인 신을 멀리하게 되었다고 지적한다. 당시에 장빙린은 초월적인 신을 상정하는 기독교를 종교의 전형으로 간주했으며, 그런 의미에서 자신의 마음을 중시하는 불교는 유일신의 의미를 갖는 종교가 아니라고 보고 비판하지 않았다. 그는 범신론적 무신론을 주장한 공자로 인해 불교가 중국에 들어와 성행할 수 있었다고 말한다.

장빙린은 기독교의 신과 중국 문화 속의 모든 전통사상을 분리해서 바로 보았기 때문에 이런 식의 논리를 전개한 것이다. 초월적

인 신에 대한 숭배로서의 종교를 배척하는 장빙린의 입장은 공교를 배척하는 논리가 되었을 뿐 아니라 중국 문화의 고유한 우수성을 옹호하는 방향으로 전개된다. 그는 주장한다. 춘추전국시대의 공자와 맹자, 성리학의 정이와 주희, 심학의 육구연과 왕수인, 청대 안원(顔元)과 이공(李塨)은 모두 자기 마음을 중시할 뿐 귀신을 주인으로 삼지는 않았다고. 이것은 무엇을 뜻하는가? 장빙린은 비록 유학의 성격이 시대마다 변화했지만 유학의 세계에는 초월적인 신이 들어설 자리가 없다고 주장한 것이다. 결국 장빙린은 외부의 초월적인 존재나 힘에 의지하지 않고 자기 자신에게 의지하는 자세를 중국 문화의 본질로 보았던 것이다.

안원(顔元)과 이공(李塨)은 신유학자들이 내면의 수양이나 독서만 중시하는 풍토를 비판하고 실천 속에서 이치를 깨달을 것을 강조했다. 안원과 그의 제자 이공을 묶어서 보통 안이(顔李) 학파라 한다.

4. 자신에게 의존하고 남에게 의존하지 마라

장빙린은 자신을 존중하고 아무것도 두려워하지 않는 양명학의 정신이 부국강병의 서구화를 지향한 일본의 메이지 유신(明治維新)을 선도했다고 말한다. 그에 따르면 양명학 역시 중국의 유구한 자립 전통 안에 있을 뿐이다.

장빙린이 볼 때 중국의 수많은 사상은 구체적인 실천 방안은 다르지만 근원은 하나로 귀결된다. 그것은 바로 자신에게 의존하고 남에게 의존하지 않는다는 주체적인 정신이다. 그는 초월적인 신에게 기도하거나 자신을 낮추는 비굴함이 아니라 자신의 마음 자체를 존중하고 자신의 마음에 의지해서 사회와 개인의 혁명을 달성하라고 주문한다. 개인이 아니라 중국 전체를 위해 목숨을 내놓을 수 있는 희생정신과 어떠한 난관에도 굽히지 않는 의지를 가진 인격을 추구했던 것이다. 하지만 도덕이 없으면 이런 인격이 형성될 수 없으며 혁명 또한 달성할 수 없다. 부도덕한 사람은 혁명이 아니라 변법조차 제대로 시행할 수 없다. 장빙린은 도덕의 증진이 바로 종교, 곧 자신이 이해하는 무신론의 불교를 통해 가능하다고 보았다.

> 삶이 없다고 말하지 않으면 죽음을 두려워하는 마음을 없앨 수 없다. 자기 소유를 깨뜨리지 않으면 돈을 숭배하는 마음을 없앨 수 없다. 평등을 말하지 않으면 노예의 마음을 없앨 수 없다. 중생이 모두 부처라고 말하지 않으면 굴복하여 물러나려는 마음을 없앨 수 없다.
>
> 〈티에쩡에게 답함〔答鐵錚〕〉

장빙린은 초월적인 신을 상정하지 않는 불교에서 순수한 희생정신과 불굴의 의지를 갖추게 하는 도덕의 가능성을 발견했다. 역설적이게도 흔히 현실과 유리된 은둔적인 이미지로 보이는 불교에서 오히려 세계를 변화시킬 수 있는 힘을 찾아낸 것이다. 혁명을 도모하는 사람들이 자신이나 자신의 가족의 이익이나 구하고 탐욕에 빠진다면 혁명의 성공은 어려울 것이다. 그는 죽음을 두려워하는 마음도, 돈을 숭배하는 물신주의의 마음도, 노예로서 살아가려는 마음도, 굴복하고 물러나려는 마음도 모두 불교를 통해 없앨 수 있다고 보았다. 특히 여기서 말하는 평등은 단지 사회적인 신분의 평등이 아니라 존재론적인 의미의 평등이다. 다시 말해 모두 부처로서 동일한 가치를 갖는다는 의미에서 평등이며, 모든 차별과 집착을 벗어나 있는 평등이다.

장빙린은 불교의 유식학에 기초해서 우리가 확고하다고 생각하는 것을 회의하고 부정한다. 예를 들어 그는 당대에 신성불가침의 권위를 행사하던 공리, 진화, 유물(惟物), 자연이라는 범주에 대해서도 의문을 제기한다. 공리는 사람들이 공유하는 질서인데, 마치 세계의 근본처럼 여겨지며 사람을 속박하지만 실제로는 사람의 선험적인 원형관념(原型觀念)이 사물과 감응하면서 나중에 만들어진 질서에 불과하다. 진화는 무언가 전진하고 변화한다는 의미를 담고 있다. 하지만 장병린에게 이런 진화의 사고는 어디론가 나아간다는 잘못된 망상이 만들어낸 것에 불과했다. 유물은 자연과학에서 연구하는 물질을 말하는데, 이에 대한 과학적 인식은 인과율에 의존하며 그 인과율은 역시 원형관념이 발현된 모습 중 하나에 불과하다. 자연이란 사물이 스스로 존재하고 영원한 자성(自性)을

장빙린은 사물을 인식할 때 경험적 감각만으로는 그 본질을 파악할 수 없고 반드시 마음속에 있는 선험적인 관념의 도움이 필요하다고 보았다.

가지고 있다는 뜻인데, 자성을 근원적으로 부정하는 무아(無我)의 논리에서 보면 이러한 자연은 성립할 수 없다.

이와 같이 장빙린은 진리와 신성불가침의 범주로 여겨지는 것들이 모두 마음 또는 아뢰야식(阿賴耶識)의 발현에 불과함을 밝혔다. 오직 아뢰야식과 마음만이 참된 것이다. 우리가 집착하는 '나'라는 자의식이나 물질 또는 신은 모두 환상에 불과하다. 다시 말해 '나', 물질, 신은 모두 객관적인 실재가 아니라 마음이 빚어낸 착각이다. 이러한 환상과 착각은 모두 영원한 실체가 없는 무아의 세계를 깨닫지 못해서 발생한다. 혁명의 도덕을 위해 장빙린이 건설하려는 종교는 바로 원성실성(圓成實性)의 깨달음에 기초한다. 원

아뢰야식(阿賴耶識)은 유식학에서 말하는 가장 심층적인 무의식으로서 그 안에 내장되어 있는 종자들이 현상화되면서 세계의 모든 것을 구성한다. 열반과 윤회를 일으키는 근원적인 힘은 모두 이 아뢰야식 속에 내장되어 있다.

성실성은 무아라는 실상을 있는 그대로 깨닫는 근원적인 의식이다. 결국 자신에게 의존하라고 할 때의 '자신'은 이처럼 무차별의 본래 마음이라고 할 수 있다. 장빙린은 자기 집착의 분별이 사라지고 모든 존재가 평등한 가치를 갖는 유식의 깨달음을 통해 혁명의 도덕을 달성할 수 있다고 믿었다.

장빙린은 중국이라는 국가를 위한 혁명과 도덕을 말하고 있는데, 참된 마음에서 보면 국가 역시 존재론적 근거가 없다고 할 수 있다. 국가는 단지 그 구성원인 개체들의 집합체에 불과하기 때문이다. 이런 의미에서는 개체가 참이고 국가는 환상이다. 하지만 개체 역시 그것을 이루는 최소 단위인 원자의 입장에서 보면 잠정적으로만 참이다.

5. 혁명의 사상가, 국학의 수호자

장병린은 중국 문명이 서양 문명과의 만남에서 동요하는 시기에 중국 전통의 문화와 사상을 총체적으로 바라볼 수 있는 시선을 갖고 있었다. 더욱이 그는 청대 유행한 역사학과 고증학의 영향으로 유학에 대한 이념적 집착에 빠지지 않고 중국 사상의 전체 유산을 조감할 수 있었다. 따라서 그는 당시의 시대적 과제였던 혁명을 뒷받침하기 위해 가장 사변적이고 체계적인 논리 체계를 갖춘 유식학에 의존한다. 불교의 유식학을 통해 혁명의 도덕을 추구했다는 사실은 장빙린이 유학이 아니라 중학(中學)의 자리에서 서양 문명과 대결했음을 보여준다. 이런 사실은 캉유웨이가 공자의 재해석을 통해 변법의 정당성을 주장한 것과 대비된다.

혁명의 시기에 장빙린의 거침없는 혁명 논리는 캉유웨이와 량치차오의 개량주의와 첨예하게 대립하면서 새로운 시대를 갈구하는 지식인에게 커다란 영향을 준다. 특히 중국 문화와 사상에 대한 방대한 지식을 가지고 혁명의 논리와 도덕을 제창했던 장빙린은 중국 근대의 저명한 문인이자 사상가인 루쉰(魯迅)에게 많은 영향을 준다. 기존 상류사회의 위선과 기만을 공격하고 서양 자본주의의 물질문명을 비판한 장빙린의 주장이 루쉰에게 공명을 불러일으킨 것이다. 한편 전통문화에 대한 자긍심을 강조하는 장빙린의 사상은 양명학자로서 국혼(國魂)을 중시하고 우리나라의 역사와 문화를 소개하는 데 앞장선 국학자 정인보에게도 영향을 준 것으로 알려져 있다. 두 사람 모두 서구의 근대가 일으키는 파도 속에서 전통의 역사와 문화, 사상을 버리지 않고 그 속에서 새로운 의미를 찾으려 노력했다는 공통점이 있다.

루쉰

장빙린이 들려주는 이야기

만일 도덕의 차원에서 말한다면, 선도 진화하고 악도 진화한다. 만일 생계의 차원에서 말하면, 즐거움도 진화하고 괴로움도 진화한다. 쌍방이 함께 나아가는 것은 마치 그림자가 형체를 좇는 것과 같다.

〈구분진화론(俱分進化論)〉

若以道德言, 則善亦進化, 惡亦進化. 若以生計言, 則樂亦進化, 苦亦進化. 雙方竝進, 如影之隨形.

한자 풀이

竝(병) : 함께

進(진) : 나아가다

影(영) : 그림자

隨(수) : 따르다

깊이 읽기

장빙린은 변법파든 혁명파든 당시 중국 지식인들이 빠져 있던 서양의 진화론을 반대했다. 특히 약육강식의 논리가 자연현상을 넘어 인간사회에도 적용된다고 보는 사회진화론은 사실상 서구 제국주의를 정당화하기 때문이다. 게다가 진화론이 담고 있는 단계론적인 역사발전의 사고는 캉유웨이의 삼세설과 상통하는 점이 있어서 비약의 혁명을 부정하는 논리로 활용되었다. 장빙린에 따르면, 진화는 무언가 나아지는 미래를 설정하여 그곳을 향해서 전진하는 목적론적 사고를 전제한다. 하지만 역사의 방향은 반드시 선한 도덕의 세계로 발전하는 것이 아니다. 단지 지식의 발전이라는 측면에서는 한 방향의 진화가 가능할 수 있지만, 도덕의 세계는 전혀 다르다. 도덕의 세계에서는 선도 진화하고 악도 진화한다. 장빙린에 따르면, 자본주의 물질문명의 출발점은 바로 동물적인 욕구다. 따라서 그는 행복과 즐거움만을 꿈꾸는 진화의 세상은 단지 마음이 빚은 환상이라고 보았다.

더 읽어볼 만한 책

리쩌허우, 《중국근대사상사론》, 임춘성 옮김(한길사, 2005)

리쩌허우(李澤厚)는 현대 중국을 대표하는 철학자의 한 명으로서 이 책에서는 태평천국 사상부터 루쉰까지 중요한 사상가를 다루었다. 그는 이 책의 〈장타이옌해부〉라는 글에서 장빙린을 중국 근대사의 사상가이자 선전가로 규정하고, 그의 반자본주의적 사상과 계급적 특징, 철학 사상에 대해 논의하고 있다. 장빙린이 갖는 사유의 복잡성을 다양하게 분석한 이 책은 장빙린을 깊이 있게 이해하는 데 커다란 도움이 될 것이다.

북경대학교철학과연구실, 《중국 철학사 4—근 · 현대편》, 오상무 옮김(간디서원, 2005)

중국 북경대학교 철학과에서 만든 이 책은 중국 철학사를 유물론과 관념론, 변증법과 형이상학의 상호투쟁과 상호영향의 관점에서 접근한다. 7장에서 장빙린의 민주혁명이론과 철학사상을 다루고 있으며, 장빙린을 자산 계급 혁명 진영에서 관념론적 선험론을 고취하는 대표적 인물로 그린다. 비록 철학사를 서술하는 기본 관점이 다소 도식적인 면은 있지만 중국학계의 관점을 볼 수 있다는 점에서 읽어볼 필요가 있다.

마오쩌둥—
혁명을 통해 현대 중국을 건설하다

1. 혁명에 바친 삶

중국의 공산주의 이론가이자 정치가인 마오쩌둥은 마르크스주의를 중국의 현실에 맞게 발전시킨 것으로 유명하다. 20세기 초의 중국에서 유교나 전통 사상은 대외적으로는 서구 제국주의의 침략에 무기력했고, 내부적으로는 황제의 전제 정치를 정당화하는 도구일 뿐이었다. 따라서 이를 대신할 새로운 사상을 찾으려는 지식인들의 모색은 치열하게 전개되었다. 이러한 시기에 차르의 전제 정치를 붕괴하고 공산주의 체제를 확립한 1917년 러시아 혁명은 중국의 일부 지식인에게 복음과 같았다. 마오쩌둥이 공산주의를 본격적으로 접한 것은 북경대학 도서관에서 일할 때였다. 당시의 도서관장은 중국에 마르크스주의를 처음으로 소개한 리다자오(李大釗)였다. 새로운 공산주의 바람을 경험한 마오쩌둥은 《신청

마오쩌둥(毛澤東, 1893~1976)은 호남성 상담현 출신으로 자는 룬즈(潤之)다.

년(新青年)》이라는 잡지를 통해 공자와 전통 도덕을 공격한 천두슈(陳獨秀)에게서 커다란 영향을 받았다. 당시 공산주의자들에게 공자와 유학은 세계를 변혁하는데 도움이 되기보다는 타파해야 할 봉건적 잔재에 불과했다. 리다자오와 천두슈의 주도하에 1921년 중국공산당이 창설되었고, 1931년에는 중화소비에트 공화국이 성립되어 마오쩌둥이 주석을 맡는다.

하지만 공산주의 세력을 적대시한 국민당의 지도자 장제스(將介石)는 공산당에 대한 대대적인 공격을 수차례 벌인다. 국민당과 전투를 벌이며 만 킬로미터 이상의 거리를 걸어서 이동한 '장정(長征)'의 투쟁으로 마오쩌둥은 확고한 지도력을 발휘하고 농민의 지지를 얻게 된다. 그는 러시아 혁명이나 공산주의 이론을 맹목적으로 중국에 적용하려 하지 않고 중국의 특수한 현실과 계급투쟁에 대한 면밀한 분석에 기초해서 혁명을 지도했다. 항일 투쟁을 위해 국민당과 협력하기도 했으나, 일본 제국주의가 쇠퇴한 뒤에는 국민당과 내전을 치러 승리했다. 마오쩌둥은 1949년에 중화인민공화국을 수립하고 국가주석의 자리에 올랐으며 냉전 시대에 공산주의 진영의 대표적인 지도자 역할을 했다. 말년에는 무산(無産) 계급의 독재를 강화하기 위해 '문화대혁명'의 광풍을 일으킨다. 그의 철학 사상은 실천과 인식의 관계를 다룬 《실천론(實踐論)》, 대립물의 통일과 투쟁에 관해 논의한 《모순론(矛盾論)》을 통해 엿볼 수 있다.

공산주의는 사회적 차별과 갈등의 원인이 되는 사유재산제도를 철폐하고 계급 없는 평등한 사회의 실현을 지향한다. 특히 자본주의 사회의 내재적 모순 때문에 자본가 계급과 무산(無産) 계급 사이에 발생하는 계급투쟁으로 공산주의가 실현될 수 있다고 생각했다. 능력에 따라 일하고 노동에 따라 분배받는 사회주의와 능력에 따라 일하고 필요에 따라 분배받는 공산주의 단계를 구분하기도 한다. 이런 구분에 따르면, 현실의 공산주의 정권도 아직 공산주의를 실현하지 못하고 여전히 무산 계급의 투쟁이 필요한 사회주의 단계에 불과하다.

장제스(將介石, 1887~1975)는 절강성 출신으로 중국 국민당의 지도자로서 공산당과 기본적으로 투쟁관계를 형성했다. 항일운동을 위해 국공합작을 하기도 했지만 결국 공산당과의 내전에서 패배하여 대만으로 이주하여 중화민국의 총통이 된다.

2. 누가 우리의 적이고 누가 우리의 벗인가

장제스

평생 중국의 공산주의 혁명을 위해 헌신한 마오쩌둥은 어릴 때부터 기존의 권위에 반항적이었다. 특히 그는 권위적인 아버지와의 관계가 원만하지 못해 갈등을 겪곤 했다. 그는 자신이 공개적인 반항으로 권리를 지키려고 하면 아버지의 화가 누그러지고, 반대로 자신이 복종하는 모습을 보이면 아버지가 자신을 욕하고 때린다는 사실을 알게 되었다고 훗날 회상했다. 그에게 삶은 투쟁의 연속이었으며, 그는 투쟁의 과정에서 자신의 의지가 더욱 단련되는 것을 좋아했다. 마오쩌둥은 자신이 겪는 고난을 오히려 자신의 몸과 마음의 역량을 최대한 발전시키는 계기로 활용했다. 그가 공산주의 혁명에 몸담아 봉건적인 군주 체제와 외세의 제국주의와 맞서 불굴의 의지로 투쟁한 것은 이런 성격과 무관하지 않을 것이다.

문화대혁명은 1966년부터 1976년 마오쩌둥이 사망할 때까지 10년간 지속되었으며, 기본적으로 자본주의와 공존을 모색하는 수정주의 노선을 반대하고 배척하는 운동이다. 무산 계급의 독재를 강조한 문화대혁명은 전국에서 각 분야의 자본가 계급이나 지식인 등을 비판하고 그 재산을 몰수했으며, 각종 역사문화유산을 파괴했다.

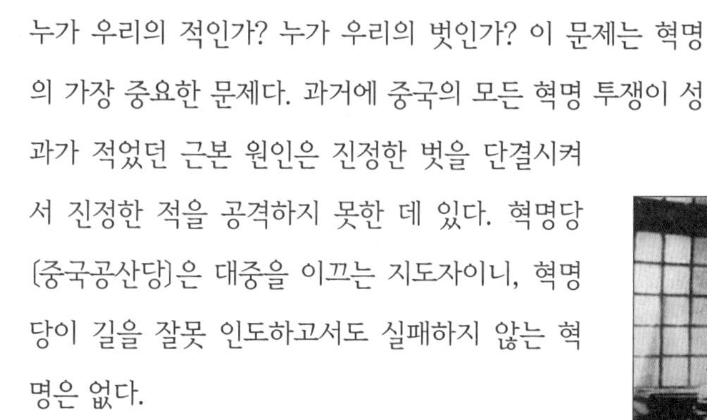

누가 우리의 적인가? 누가 우리의 벗인가? 이 문제는 혁명의 가장 중요한 문제다. 과거에 중국의 모든 혁명 투쟁이 성과가 적었던 근본 원인은 진정한 벗을 단결시켜서 진정한 적을 공격하지 못한 데 있다. 혁명당(중국공산당)은 대중을 이끄는 지도자이니, 혁명당이 길을 잘못 인도하고서도 실패하지 않는 혁명은 없다.

〈중국 사회 각 계급의 분석(中國社會各階級的分析)〉

1938년의 마오쩌둥

마오쩌둥은 중국의 공산혁명을 위해서 무엇보다 각 계층의 사회적인 위상에 따라 투쟁과 단결의 정도를 달리해야 한다고 생각했다. 투쟁이란 기본적으로 나와 적을 구별하는 이분법의 논리에 지배된다. 따라서 그는 우선 적군과 아군의 분별을 강조한다. 적이 누군지 우리 편이 누군지 모르면 투쟁의 방향과 강도가 적절하게 될 수 없다. 벗으로 확인되면 서로 단결해서 혁명의 역량을 강화하고, 적으로 확인되면 공격해서 승리해야 하는 법이다. 특히 중국 사회의 현실에서 어느 계급이 혁명을 담당하는데 어느 정도의 역할을 할 수 있는지 분석할 필요가 있다. 그러지 않으면 공산혁명을 일관되게 진행할 수 있는 사회적 동력을 상실하거나 현실에 기초하지 않은 모험주의에 빠질 수 있기 때문이다.

이러한 관점에서 그는 중국의 각 계급을 경제적 지위와 혁명에 대한 태도에 따라 분류한다. 그의 분류에 의하면, 지주 계급과 매판 계급은 국제 자본가 계급에 종속된 존재로서 극단적인 반혁명파다. 중산(中産) 계급은 주로 민족 자본가 계급으로서 한편으로는 제국주의를 타도하고 다른 한편으로는 공산당을 타도하려는 모순적인 태도를 갖고 있다. 소자본가 계급은 자작농이나 수공업자 등 소규모의 생산 활동을 하는 사람들로서 혁명이 고조되면 혁명을 좇는 계급이다. 반(半)무산 계급은 반자작농이나 가난한 농부 등 농촌 주민의 절대 다수가 해당되며 곤궁할수록 혁명성이 강하다. 무산 계급은 철도, 광산, 해운, 방직, 조선 등의 산업에 종사하는 노동자로서 혁명운동을 이끄는 진보적인 계급이다. 이런 분류를 통해 마오쩌둥은 제국주의와 결탁한 군벌(軍閥)과 관료, 외

국 자본과 결탁한 매판 계급, 대지주 계급 등을 적으로 규정한다. 그리고 공업의 무산 계급과 모든 반무산 계급, 소자본가 계급을 혁명의 벗으로 분류한다. 그에게 혁명은 후자가 투쟁을 통해 전자를 이기는 과정이다.

사회 계급의 분석에서 마오쩌둥은 공산주의 혁명을 이끄는 세력으로 공업 노동에 종사하는 무산 계급을 들고 있지만 실제로는 농민 계급을 가장 중시했다. 공업화가 발달하지 않은 당시 중국의 현실에서 공업 노동자보다 농민이 훨씬 큰 역량을 가지고 있었기 때문이다. 천두슈를 비롯한 공산당 간부들은 농민을 단지 혁명의 보조 집단으로만 보고 농민운동을 반대했다. 그러나 마오쩌둥은 지

레닌의 혁명을 풍자한 만화

주 계급에게 착취를 당해온 농민이야말로 혁명의 주력 집단이 될 수 있다고 보았다. 그는 토호(土豪)나 지주 계급 등 전제 정치의 토대가 되는 봉건 세력을 뒤엎는 일이 공산주의 혁명의 진정한 목표라고 주장했다. 마오쩌둥이 보기에 쑨원의 신해혁명이 실패한 이유도 바로 농민의 변혁이 없었기 때문이다. 따라서 그는 농촌의 변혁을 지지하고 농민의 혁명 참여를 독려한다. 이처럼 마오쩌둥은 러시아 혁명의 경험을 맹목적으로 숭배하지 않고 중국의 고유한 현실에 기초해서 농민 세력의 혁명성을 강조하고 현실화했다.

3. 실천과 이론의 변증법적인 통일을 향하여

마오쩌둥이 농민을 중심으로 혁명을 추진했다는 사실은 그가 실천의 문제에 어떻게 접근하는지를 보여준다. 마오쩌둥은 공산주의 혁명 지지자 가운데서도 두 진영과 사상적 투쟁을 벌였다. 하나는 마르크스 사상의 단편적인 어구만을 절대시하는 교조주의 진영이다. 이는 실제 상황을 조사하고 검토하여 혁명의 구체적인 방향을 결정하지 않고 공산주의 서적의 내용에 맹목적으로 의존하므로 중국의 현실을 간과하는 맹점이 있다. 다른 하나는 혁명의 전반적인 국면이나 방향을 이론적으로 파악하지 못하고 자신의 단편적인 경험에만 사로잡혀 있는 경험주의 진영이다. 이는 특정한 조건에서 일어나는 경험에만 매몰되어 혁명을 지도하는 이론을 간과하는 병폐를 낳는다. 결국 이러한 오류는 이론과 실천의 관계에 대한 철학적 분석과 연관된다.

마르크스

> 실천, 인식, 재실천, 재인식, 이러한 형식이 무한히 순환 반복되어서 매번 순환한 실천과 인식의 내용이 모두 이전보다 한 단계 더 높은 수준에 도달한다. 이것이 변증법적 유물론

의 전체 인식론이며, 이것이 변증법적 유물론의 지행통일관(知行統一觀)이다.

《실천론》

마오쩌둥은 우리의 인식이 경제적인 생산 활동이나 정치적인 계급투쟁이라는 사회적 실천에 의해 생성된다고 보았다. 즉 인식은 실천과 연관되어 있으며, 인식이나 이론이 진리인지 아닌지도 주관적인 사유가 아니라 객관적인 사회적 실천에 의해 판단할 수 있다. 마오쩌둥은 인식의 발생 과정을 우선 두 단계로 구분한다. 제1단계는 감각적인 단계로서 우리의 신체적 감각기관을 통해 외부사물의 현상을 일면적으로 파악하는 감성적 인식의 단계다. 이 단계에서는 사물에 대한 감각의 인상들이 우리의 머릿속에서 외적인 연계를 이룬다. 이러한 감각과 인상이 사회적 실천 속에서 거듭 반복되어 축적되면 제2단계로 넘어간다. 제2단계는 머릿속에서 비약이 발생하여 개념이 형성된다. 개념은 사물의 현상이 아니라 사물의 본질이나 내적인 연계를 파악한다. 나아가 적절한 판단과 추리가 이뤄지므로 이성적 인식의 단계라 할 수 있다.

감각적 인식에서 이성적 인식으로의 비약, 이것이 인식의 변증법적인 발전이다. 이를 통해 마오쩌둥은 두 가지를 경계한다. 첫째, 이성적 인식이 감성적 인식에 의존한다는 명제는 감각경험과 감성적 인식을 부정하는 관념론을 비판한다. 사람은 감각적인 경험을 통해 처음으로 인식을 갖게 된다. 따라서 감각적 경험의 실재성을 부정하고 이성의 실재성만 인정하는 관념론은 오류다. 둘째,

감성적 인식이 심화되어 이성적 인식으로 비약한다는 변증법은 감각경험에 매몰되어 이성적 인식을 부정하는 경험론을 논박한다. 사물의 현상에서 본질을 얻기 위해서는 비약의 과정이 필요하다. 경험 자료는 그 자체로 인식되지 않는다. 자료의 개조와 제작을 통해 개념과 이론 체계를 만들어야 객관적 사물을 더 정확하고 완전하게 인식할 수 있다. 이런 관점에서 그는 경험만 중시하고 이론을 경시하여 객관적 과정 전체에 대한 전망이 없는 저속한 실무주의를 비판한다.

하지만 객관적 세계의 법칙성에 대한 이성적 인식은 그 자체로 완결적인 의미를 갖는 것이 아니다. 인식의 근원은 실천이며 인식

의 진리 여부를 판단하는 기준 역시 실천이다. 따라서 실천에서 시작된 감성적 인식은 실천을 통해 이성적 인식으로 비약해야 한다. 그리고 이성적 인식은 다시 사회적 실천 속에서 자신의 진리 여부를 검증받는다. 다시 말해 이성적 인식에 의해 혁명의 실천을 능동적으로 지도하여 주관적 세계와 객관적 세계를 개조하는 또 하나의 비약이 필요하다. 마오쩌둥은 인식과 실천의 변증법적인 관계를 모르기 때문에 변화된 객관적 정세를 따라가지 못하는 보수적인 기회주의나 객관적인 발전 단계를 초월하려는 공허한 좌익모험주의에 빠진다고 보았다. 객관적 세계의 운동과 변화가 영원히 완결되지 않듯이 실천 가운데 일어나는 진리 인식 역시 영원히 완결될 수 없다. 그러므로 실천→인식→재실천→재인식의 순환 과정은 무한히 반복된다. 이러한 반복을 통해 마오쩌둥은 주관과 객관, 이론과 실천, 지식과 행동의 구체적이며 역사적인 통일을 지향했다.

4. 세계의 운동과 발전은 사물 모순의 법칙에서 발생한다

혁명적 실천을 통해 세계와 자아의 변혁을 추구한 마오쩌둥은 세계의 운동과 변화, 발전을 정합적으로 설명하는 세계관을 모색한다. 세계를 변화와 발전의 관점에서 보는 그의 시각은 사물의 변화와 발전을 일으키는 근본 원인에 대한 관심과 맞닿아 있다. 마오쩌둥은 레닌Vladimir Ilich Lenin의 변증법적 유물론을 계승하

레닌Vladimir Ilich Lenin의 변증법적 유물론은 대립물의 통일과 대립이라는 관점에서 변증법적인 발전을 주장한다. 그에게 세계의 사물과 현상은 서로 모순관계를 이루는 대립물에서 성립하며, 투쟁과 통일을 반복하면서 발전이 생겨난다.

여 세계의 발전을 '대립물의 통일과 투쟁'이라는 측면에서 설명한다. 이러한 변증법적 세계관은 사물의 발전 원인을 사물의 외부에 있는 힘이 아니라 내부의 모순에서 찾는다. 이는 사물의 변화를 인정하지 않고 발전의 원인을 외부에서 찾는 형이상학적 세계관과 대비된다. 사물의 발전을 내부의 모순에서 탐구하면, 이는 자연히 사물에 내재하는 필연적인 자기운동으로 인식된다. 하지만 마오쩌둥의 변증법적 유물론이 외적인 원인을 배제하는 것은 아니다. 외적인 원인은 변화의 조건이고 내적인 원인은 변화의 근거이므로, 외적인 원인은 내적인 원인인 내재적 모순을 통해 작용하게 된다. 이런 맥락에서 마오쩌둥은 변증법적 유물론을 모순의 논리로 정리한다.

레닌 동상

> 변증법적 유물론의 관점에서 보면, 모순은 모든 객관적 사물과 주관적 사유의 과정 속에 있으며, 모순은 모든 과정의 처음부터 끝까지 관철되어 있다. 이것은 모순의 보편성과 절대성이다. 모순되는 사물과 그 모든 측면은 각각 특징을 갖고 있으니, 이것은 모순의 특수성과 상대성이다. 모순되는 사물은 일정한 조건에 의해 동일성을 갖게 된다. 따라서 하나의 통일체 속에 공존할 수 있으며, 또한 상반되는 측면으로 상호 전환할 수 있다. 이것은 또한 모순의 특수성과 상대성이다. 하지만 모순의 투쟁은 중단되지 않으니, 그것들이 공존하는 때이든 혹 상호 전환하는 때이든 모두 투쟁의 존재를 갖는다……이것은 또한 모순의 보편성과 절대성

이다.

《모순론》

우선 마오쩌둥은 모순이 객관적 사물이나 주관적 사유, 자연현상과 사회현상 전체를 관통하는 보편적인 요인이라고 규정한다. 따라서 이 세계에 모순이 내포되지 않는 사물은 없으며, 모순이 없다면 세계 역시 있을 수 없다. 모든 사물 속에 있는 모순되는 측면의 상호 의존과 상호 투쟁은 사물의 생명을 결정하고 사물의 발전을 가능하게 한다. 이런 맥락에서 마오쩌둥은 공산당 내부의 모순과 그 모순을 해결하려는 사상 투쟁이 없다면 당의 생명은 정지한다고 말한다. 이처럼 그에게 모순과 그 모순의 해결을 위한 투쟁은 삶의 보편적이고 필연적인 원동력이다. 따라서 보편적이고 절대적인 모순은 특정한 시점이 아니라 처음부터 끝까지 모든 운동의 과정에 존재한다. 예를 들어 노동자와 자본가 사이에는 단지 차이만 있는 것이 아니라 두 계급이 발생할 때부터 모순이 존재한다.

모순의 특수성은 어떤 사물을 다른 사물과 구별해주는 특수한 본질을 구성하여 사물 사이의 차이를 낳는다. 모든 사회 형태나 사유 형태는 자신의 특수한 모순과 본질을 갖고 있기 때문이다. 마오쩌둥은 수학의 정수와 분수, 역학의 작용과 반작용, 군사학의 공격과 방어, 사회과학의 무산 계급과 유산 계급, 철학의 관념론과 유물론 등을 특수한 모순성의 사례로 들고 있다. 이처럼 특수한 모순성을 가진 사물들의 인식은 개별적인 사물의 인식에서 일반적인 사물의 인식으로 확대되고, 다시 공통적인 본질을 인식하는 일반

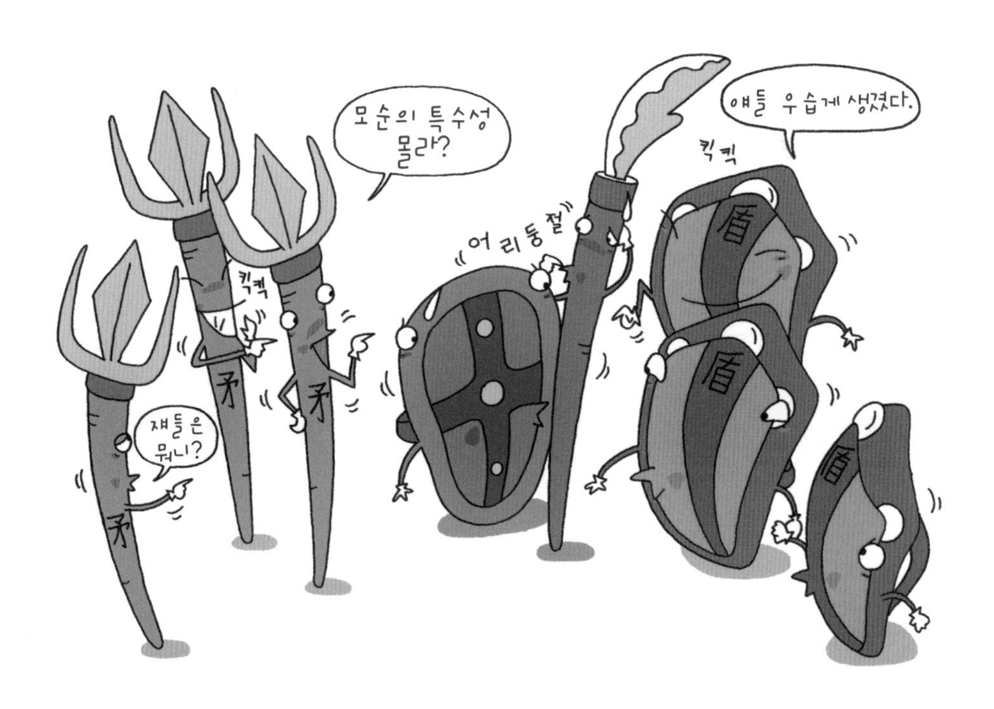

적 인식에 기초해서 새로운 구체적 사물의 인식으로 발전해야 한다. 이처럼 특수에서 일반에 이르고 일반에서 특수에 이르는 변증법적 인식이어야 공허한 인식에서 벗어날 수 있다.

각각의 특수한 모순에는 그에 걸맞은 특수한 해결 방법이 필요하다. 그래서 마오쩌둥은 무산 계급과 자본가 계급의 모순은 사회주의혁명으로, 식민지와 제국주의의 모순은 민족혁명전쟁으로, 인민대중과 봉건 제도의 모순은 민주주의혁명으로, 사회와 자연의 모순은 생산력의 발전으로 해결해야 한다고 말한다. 그리고 객관적인 역사의 단계가 변화하면 그 단계의 모순이 무엇인지를 파악해야 해결할 수 있다. 이런 입장에서 마오쩌둥은 모순의 특수성과 상이한 발전 단계에 대한 다양한 분석을 외면하는 획일적인 교조주의나 단편적인 경험주의를 비판했다.

모순의 특수성과 보편성은 각각 모순의 동일성과 투쟁성에 연계된다. 마오쩌둥은 모든 사물의 운동을 모순의 동일성과 투쟁성을 통해 설명하며, 여기에서 혁명의 논리를 이끌어낸다. 우선 그는 모순의 동일성을 두 가지 명제로 설명한다. 첫째, 사물의 발전 과정에서 모든 모순의 두 측면은 대립되는 측면을 자신의 전제로 삼아 하나의 통일체 안에 공존한다. 마오쩌둥은 모순되는 각 측면이 고립되지 않고 상호 의존 속에서 존재한다고 보았다. 예를 들어 삶이 없으면 죽음도 없고 죽음이 없으면 삶도 없다. 둘째, 모순되는 쌍방은 일정한 조건 아래 상호 전환한다. 예를 들어 피통치자였던 무산 계급은 혁명을 통해 통치자로 전환하고 통치자였던 자본가 계급은 피통치자로 전환하게 된다.

상호 의존과 상호 전환을 일으키는 모순의 동일성은 일정한 조건 아래서만 가능하기 때문에 조건적이며 일시적이다. 이에 비해 모순의 두 요소가 상호 배제하는 대립물의 투쟁성은 보편적이고 절대적이다. 모든 사물의 운동이 취하는 두 가지 상태인 상대적 정지와 현저한 변동은 모두 모순되는 두 요소의 상호 투쟁에서 일어난다. 즉 통일, 단결, 연합, 조화, 대치 등 양적인 변화가 발생하는 상대적 정지, 그리고 이런 상태가 파괴되어 상반되는 상태로 질적인 변화가 발생하는 현저한 변동은 모두 모순의 투쟁성에서 발생한다. 따라서 모순의 투쟁성은 일정한 조건 아래서 모순의 공존과 전환을 뜻하는 동일성을 가능하게 한다. 이처럼 절대적이고 보편적인 모순 투쟁의 특수한 표현 형태로서 계급적 적대의 문제가 대두한다. 두 계급의 모순이 일정한 단계가 되어 계급적 적대의 형태를 띠게 되면 혁명이 일어난다. 결국 마오쩌둥은 혁명의 필연성과 구체적인 투쟁 형태를 모순의 논리를 통해 구축했던 것이다.

5. 마오쩌둥의 빛과 그림자

마오쩌둥은 제국주의의 위협 속에서 중국의 독립과 자유를 위해 공산주의 국가를 건설하고자 했다. 그는 획일적인 교조주의를 벗어나 중국의 고유한 역사와 현실에 기초해 독자적인 사회주의 형태, 즉 중국화된 마르크스주의를 창조했다고 평가받는다. 하지만 마오쩌둥 역시 말년에는 사회주의 투쟁 노선을 절대시하는 경직성을 보였다. 그는 아직도 자본가 계급과 내부 투쟁을 하고 있는 사회주의 중국이 혁명을 중지하고 자본주의 체제와 공존을 도모하는 수정주의 노선으로 전환할 것을 걱정했다. 그래서 무산 계급의 맹목적인 지지를 등에 업고 문화대혁명이라는 거대한 광풍을 일으키게 된다. 문화대혁명 기간 동안 수많은 지식인과 정치인이 비판을 받고 농촌으로 내려가 노동을 하거나 죽임을 당했다.

덩샤오핑

그러나 1976년에 마오쩌둥이 죽자 문화대혁명의 세력이 물러나고 문화대혁명 동안 고초를 겪었던 덩샤오핑(鄧小平)이 권력을 차지한다. 사회주의의 개혁과 자본주의로의 개방 등 실용주의를 추구한 그의 정책은 '흰 고양이든 검은 고양이든 쥐를 잘 잡으면 좋

천안문의 마오쩌둥 사진

은 고양이'라는 백묘흑묘론(白猫黑猫論)에서 잘 드러난다. 그 결과 중국은 사회주의와 자본주의 경제 체제의 결합을 통해 급속도의 경제적 발전을 이뤘으며, 덩샤오핑이 죽은 오늘날에도 후계자들이 그의 노선을 계승하고 있다. 그러나 자본주의적 경제 발전이 거듭될수록 중국 사회에서 지역과 지역, 계급과 계급 사이의 빈부 격차는 심화되고 있다. 평등한 사회주의 국가의 건설을 향한 마오쩌둥의 꿈은 여전히 중국의 과제로 남아 있다.

서양 문명과의 만남에서 고통스러운 몸부림으로 변혁을 도모하던 중국이 결국 마오쩌둥의 공산주의 정권으로 귀결된 사건은 송대 이후 1,000여 년간 유지되던 사대부 유학의 종말을 의미했다. 장구한 세월 동안 중국 사상의 중심이었던 유학은 이제 중국 문명의 현실적 과제를 담당하지 못한 채 그저 전통문화로 기억되고 있을 뿐이다. 하지만 우리가 지금까지 본 것처럼 유학은 부단한 자기혁신의 역사를 보여주었다. 마치 불교와 도교의 세계관을 비판적으로 흡수하여 새로운 유학이 창출되었듯이, 자유와 평등을 이념으로 성립한 현대 서구 문명의 도전은 유학의 또 다른 혁신을 기다리고 있다.

마오쩌둥이 들려주는 이야기

우리는 전체 역사 발전에서 물질적인 것이 정신적인 것을 결정하며 사회적 존재가 사회적 의식을 결정한다는 점을 인정한다. 하지만 동시에 정신적인 것의 반작용, 사회적 존재에 대한 사회적 의식의 반작용, 하부 구조에 대한 상부 구조의 반작용을 인정하며, 또 반드시 인정해야 한다.

《모순론》

我們承認總的歷史發展中是物質的東西決定精神的東西, 是社會的存在決定社會的意識. 但是同時又承認而且必須承認精神的東西的反作用, 社會意識對于社會存在的反作用, 上層建築對于經濟基礎的反作用.

한자 풀이

我們(아문) : 우리

承認(승인) : 인정하다

總的(총적) : 모든

東西(동서) : 사물, ~것

上層建築(상층건축) : 상부 구조

經濟基礎(경제기초) : 하부 구조

깊이 읽기

마오쩌둥은 모순의 특수성과 관련하여 모순되는 두 측면을 중요한 측면과 중요하지 않은 측면으로 나눈다. 하지만 모순의 중요 측면과 중요하지 않은 측면은 구체적인 상황에 따라 그 지위가 바뀔 수 있다. 이처럼 모순의 유동적인 면을 간과하고 특정한 측면을 고정시켜 절대화하는 입장이 바로 기계적 유물론이다. 기계적 유물론은 이론과 실천의 모순에서는 실천이, 상부 구조와 하부 구조의 모순에서는 하부 구조가 중요하며 결코 서로 전환하지 않는다고 본다. 하지만 마오쩌둥의 변증법적 유물론은 중요한 측면과 중요하지 않은 측면이 조건에 따라 변할 수 있다고 인정한다. 예를 들어 정치나 문화 등의 상부 구조가 물질적 생산관계의 총체인 경제적 하부 구조를 발전시키는 데 장애가 된다면 정치적 · 문화적 혁신이 더 중요하고 결정적인 것이다. 따라서 마오쩌둥은 기본적으로 물질적인 것이 정신적인 것을 결정한다고 보면서도 정신적인 것의 반작용, 곧 사회적 의식이나 상부 구조의 반작용을 중시한다.

더 읽어볼 만한 책

모택동, 《모택동 선집》(전2권), 김승일 옮김(범우사, 2001 · 2002)

중국공산당 중앙위원회의 결정에 따라 발간된 마오쩌둥 저작 선집의 번역서다. 중요한 저작을 선별 · 교열하고 시기에 따라 편집해서 각 시기에 마오쩌둥이 고민한 문제와 사상의 변화를 살펴볼 수 있다. 특히 1권의 말미에는 철학적으로 중요한《실천론》과《모순론》이 실려 있다. 마오쩌둥 사상을 전반적으로 이해하는 데 매우 귀중한 책이다.

에드가 스노우 기록,《모택동 자전》, 신복룡 옮김(평민사, 2006)

마오쩌둥이 당시 서양 기자였던 에드가 스노우Edgar Parks Snow를 만나 자신의 생애를 회고한 글이다. 이 책에는 마오쩌둥의 소년 시절, 호남제일사범학교를 다니던 시절, 혁명의 서막, 민족주의 시대, 소비에트 운동, 중국공산당 군대인 홍군(紅軍)의 성장, 그리고 장정이 담겨 있다. 부록에는 마오쩌둥의 연보와 마오쩌둥이 쓴 민족주의에 관한 논문이 실려 있다. 각종 자료와 사진이 실려 있어 장정 시기까지 마오쩌둥이 살아온 삶을 생생하게 이해하도록 도와주고 있다.